建築実務テキスト

# 建築積算 （第三版）

Building Cost Estimation

佐藤隆良・田村誠邦　著

市ケ谷出版社

## 第三版の発行に当たって

　2014年の初版発行以来，多くの学校で教科書として採用されてきました。大変光栄なことと思っております。教育現場で教科書として採用いただきました先生方からいろいろご意見をいただきました。この度，これらご意見を取り入れて，「第三版」として改訂することになりました。

　第三版は，以下のことを中心に改訂致しました。

・本文と図版の不整合な箇所について精査し，整合させました。
・数値の四捨五入等につきまして，現場サイドに合わせ統一しました。

　今後とも引き続き，教科書としてご採用いただききますようお願い致します。

2020年9月

　　　　　　　　　　　　　　　　　　　　　　　　　　　　　　　　著者一同

## ま え が き

　建築生産のプロセスの中で，建築コストが設計と施工とをつないでいます。それを算出する『積算』は，発注者，設計者，そして施工者のいずれにとっても重要な役割を担っています。本書は，「初めて学ぶ　建築実務テキスト」シリーズとして，建築積算に関する基礎知識，ならびに基本的な実務習得のための入門書として刊行したものです。

　建築積算を基礎から習得しようと考えている方々，工業高校，工業高等専門学校，専修学校，大学の建築関係の学生，さらには社会に出て実務で積算に携わる必要のある若手実務者に至るまで，幅広い読者層を想定しています。

　初学者が「建築積算」の基本を分かりやすく理解できるような構成になっています。

　第1章では，建築生産のプロセスの中での積算の役割や業務概要などをできる限り平易に説明しています。

　第2章では，建物の設計実例を用いて　土工，構造，仕上げ，設備，そして仮設に至るまでの一連の建築工事の基本的な積算の知識や方法を身につけるため，可能な限り分かりやすく，かつ理解しやすく解説しています。

　また本書は，実際の設計図と図解による具体的な演習問題を採り入れ，読者や生徒の皆さんが自ら手を動かすことにより，実務的な積算技術が習得できることを目指した入門テキストとしています。

　さらに，難解な積算の実務専門用語など，生徒からの質問や，実務の現場における疑問点にも分かりやすく答えられるよう，随所に用語解説も設けています。

　第3章では，実務における積算業務をベースに，建築マネジメントやエンジニアリング等へのコスト関連の応用技術について，分かりやすく解説しています。

　当初，本書の監修をされておりました大野隆司編集委員長が道半ばで逝去され，その後吉田倬郎先生に監修を引き継いで頂き，今日の発刊に至りました。積算をこれから学ぶ多くの皆さんによって，有効に活用されることを祈念します。

　発刊にあたり，貴重なアドバイスを賜った故大野隆司先生，吉田倬郎先生をはじめ関係者に改めて深い謝意を表するとともに，出版に際して積極的な支援を頂いた市ヶ谷出版社澤崎社長に厚く御礼申し上げます。

2014年3月

　　　　　　　　　　　　　　　　　　　　　　　　　　　　　　　　佐藤　隆良
　　　　　　　　　　　　　　　　　　　　　　　　　　　　　　　　田村　誠邦

## 「初めて学ぶ　建築実務テキスト」発行にあたって

　大学，専修学校，工業高等専門学校において，『建築』を冠する学科は多い。

　そこでは，建築計画，建築構造，建築生産，環境・設備といった標準的な科目の他に，それぞれの学校の特色を生かした科目を用意しており，その多くは実務に直結したものである。

　市ヶ谷出版社には既に，実績のある大学教科書の他に，大学・専修学校における標準的な科目を対象とした「初学者の建築講座」があるが，教育現場からは実務に直結した科目についても教科書の要望が多く寄せられている。本シリーズ「初めて学ぶ　建築実務テキスト」は，そうした声に応えることを目的に企画されたものである。

　実務に直結した科目の多くは，施工現場と関係があり，即戦力の養成が期待されている。こうした背景から，本シリーズは，大学・専修学校における教科書としてだけでなく，社会人の方が勉強する際の基本テキストとして，さらに，実務で使えることも大きな目標としている。

　以上のような趣旨から，経験豊富な実務者を中心に著者構成しており，内容については，学生のみならず，初級技術者をも対象にして，次のような工夫をしている。

1) 説明は具体的で，例題演習もしくは自学自習的な部分をもつ。
2) 実務における近年の傾向や将来の方向性についても留意する。
3) 重要語句のゴシック表示，カラーをまじえた挿入図など，見やすさやわかりやすさを重視する。

　建築の本質的なものの多くは現場の実務にあります。本シリーズを通して，建築についての理解が深められ，次代を担う技術者が巣立つことを，関係者一同，期待しています。

　2014 年 1 月

編修委員長　吉田　倬郎

# 建 築 積 算

## 目 次

# 第 **7** 章

建築積算の概要

# 1.1　建築積算とは

## 1.1.1　原価（コスト）と価格（プライス）

　ある「もの」を消費者が買う場合，消費者が購入する「価格」を，「プライス」という。「プライス」は，一定の場合（通常，「定価」と呼ばれる）もあれば，変化する場合もある。いずれにせよ，その「もの」を消費者が手にするまでには，いろいろな費用がかかっており，その費用の合計を，「原価（コスト）」という。

　簡単な例で説明しよう。

　コンビニで販売されているお弁当の原価について考えてみよう。

（1）　お弁当を作るためには，お米，おかずの材料，お弁当の容器，調味料，箸などの材料が必要となる。これらを仕入れるのに必要な費用を「**材料費**」という。

（2）　お弁当を作っている会社の工場などの社屋，おかずを作るための鍋やコンロ，お米を炊くための炊飯器，ガスや電気，水道などの設備が必要となる。これらの設備を用意するために必要な費用を「設備費」という。

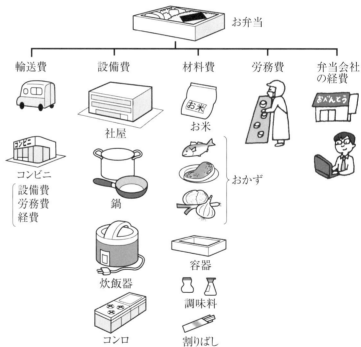

図1・1　お弁当の価格と原価

（3）　おかずを作ったり，ご飯をお弁当につめたりする人が必要となる。これらの人を雇って働いてもらうための費用を「労務費」という。また，お弁当を作っている会社の運営のための「経費」がかかる。

（4）　出来上がったお弁当をコンビニへ輸送するための「輸送費」が必要となる。

（5）　コンビニで販売する人の「労務費」や，コンビニ店の「設備費」や「経費」もかかる。

　このように，お弁当がコンビニで売られるまでには，材料費，設備費，労務費，輸送費，経費などが必要となる。そして，これらの，商品を消費者が手にするまでにかかった費用の合計

を「原価（コスト）」という。

　商品を販売するときの売値，すなわち販売価格（プライス）は，原価（コスト）に儲け（利益）を載せたものになる。

**売値（価格＝プライス）＝原価（コスト）＋儲け（利益）**

　原価（コスト）がわからなければ，いくらで販売してよいのかわからないし，利益を上げるにも，対策を打つことはできない。このように，「もの」を作って販売するには，まず原価をきちんと把握する必要がある。


　建物の場合は，決まった敷地の上に，一品・注文生産で建築され，発注者に引き渡される。その建築工事に要するコスト（建築コスト＝原価）は，他の消費財に比べて高額であることが多く，しかも，用途や建築場所，規模などによって個別性が強いという特徴がある。さらに，設計の内容や仕様によっても大きく変動する。その上発注者は，その建物の建設工事に着手する前に，ある価格（プライス）で，その建物を発注する必要がある。

　したがって，発注者の立場からは，発注する建物が予算内で完成するとともに，その設計の内容や仕様が満足のいくものであることが求められる。また，施工者の立場からは，建築する建物の原価（建築コスト）を事前にしっかりと把握し，適切に管理し，建物の工事契約価格（プライス）内で，適正な利益を得ることが求められる。

　このように，建物の場合，建築工事に要するコスト（建築コスト＝原価）を事前にきちんと把握し，適切に管理することが，発注者にとっても，施工者にとっても，極めて大切なことになる。

　なお，建築におけるコスト（原価）とプライス（価格）の関係は，建築に関わる立場（発注者，施工者，専門工事会社，資材メーカーなど）によっても異なる。

　発注者と施工者にとってのコストとプライスの関係を，表1・1に示す。

表1・1　建築におけるコストとプライスの関係

|  | コスト（原価） | プライス（価格） |
|---|---|---|
| 発 注 者 | 工事契約価格（B） | 発注者の売値（C） |
| 施 工 者 | 工事原価（A） | 工事契約価格（B） |

注：　工事原価　　　（A）：材料費＋労務費＋外注費＋経費
　　　工事契約価格（B）：工事原価（A）＋施工者の利潤
　　　発注者の売値（C）：工事契約価格（B）＋発注者の利潤
（出典：「建築コスト管理士ガイドブック平成23年度版」公益社団法人日本建築積算協会）

## 1.1.2　建築積算とは

　建築工事においては，建築コスト（原価）を，工事着手前にきちんと把握し，工事期間中を通して適切に管理していくことが，発注者にとっても，施工者にとっても，きわめて大切なこととなっている。

　この建築コストを把握するための具体的な作業が「**建築積算**」である。

　「建築積算」のプロセスは，初めに，設計図や仕様書などから，必要な工事を洗い出し，各工事に必要な各部材の材料と数量を正確に計測・計算し，それを材料ごとに集計して「内訳明細書」を作成する（「数量積算」）。次に，その各材料の「数量」に対応して，地域性や工事規模などを考慮した「単価」を入れる（「値入れ」）。さらに，数量積算で求めた各材料の「数量」に，値入れで求めた「単価」を乗じて，部分別，もしくは工事種目別に分類集計する。これに，必要な共通仮設費，現場管理費，一般管理費等を加え，工事価格を算出する。これらのプロセス全体を，「建築積算」と呼ぶ。

　図1・2は，この建築積算のプロセスを，模式的に表したものである。

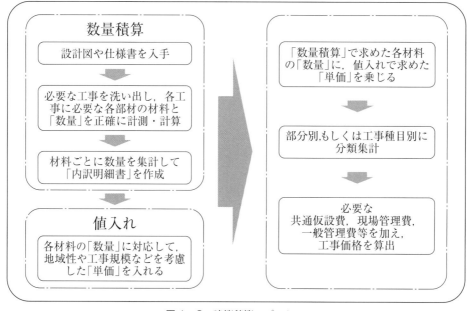

**図1・2　建築積算のプロセス**

### 1.1.3　建築積算の役割

　建築の生産活動を考えた場合，そこには常に，お金の話がついて回る。建物を建設するのにいくらかかるのかというお金の話抜きには，どんな建物であれ，設計することも施工することもできないのである。

　建築の生産活動において，お金に関わる各種の計測・計算を主に扱うのが**建築積算**であり，建築積算は，設計と施工を経済的な側面

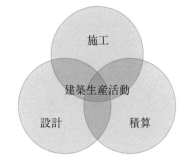

**図1・3**　建築生産活動の三者の協力関係

から支える役割を担っている。つまり，建築の生産活動は，図1・3に示すように，設計（デザイン），施工（技術），建築積算（コスト）の三者の協力関係で成り立っているのである。建築の生産活動は特に大きな額のお金を必要とする経済行為であるため，建築の生産活動に関わるコストを明確にする建築積算の役割は，社会的に極めて重要なものと言えよう。

　次に，建築生産のプロセスに沿って，建築積算の役割を考えてみよう。

　図1・4は，建築の生産プロセスと建築積算の関係を表したものである。建築生産のプロセスは，大きくは，企画，設計，施工，維持・保全，解体・廃棄処分の5つの段階に分けて考えることができる。

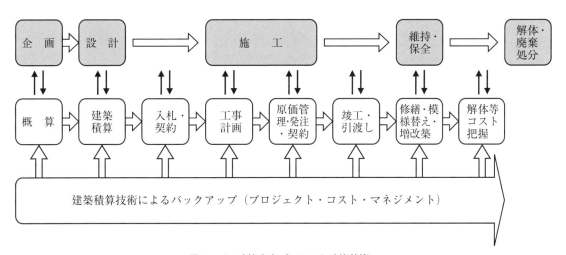

**図1・4**　建築生産プロセスと建築積算

### （1）　企画段階

　建物を造るには，どのような建物を造るか，敷地の条件は問題ないか，法律上の問題はないか，資金は調達できるかなど，事前に様々な検討が必要となり，これらの一連の検討の全体を「企画」と呼ぶ。企画段階においては，発注者の予算内で，希望する建物ができるかどうかという見通しをつけるための建築コストの試算が行われたり，発注者の事業が成立するかどうかという，事業採算性を検討するための建築コストの試算が行われたりするのが一般的である。

この段階での建築コストの試算は，図面が確定していないため，単位数量ごとの経験値や統計データを用いた算出であり，一般に「**概算**」と呼ばれる。

### （2）　設計段階

　企画ができると，設計の与条件が固まるので，「設計」の段階に入る。設計段階では，発注者のニーズや予算に合わせて設計図や仕様書を作成する。この設計図や仕様書をもとに，発注者が施工者に工事を発注することになるが，その際，施工者は「建築積算」により設計図や仕様書に基づく建物の原価（建築コスト）を把握する。そして，「入札」により施工者と「工事契約価格」が決定され，「工事契約」が締結される。

### （3）　施工段階

　入札・契約により施工者が決定されると，施工者は着工前に，工事の施工方法，仮設計画，品質管理，工程管理，原価管理，安全管理などの検討を行う必要があり，これらを「工事計画」と呼んでいる。さらに，「施工」の段階では，工事の原価管理や，専門工事会社への発注，追加工事の契約などのために，建築コストの把握が必要となり，ここでも，建築積算が必要となる。

### （4）　維持・保全

　「施工」の段階が完了すると，「竣工・引渡し」となり，完成した建物が実際に使用されることになる。建物の使用に際しては，その維持管理が不可欠であり，「維持・保全」のプロセスとなる。この段階でも，日常的な維持・保全に加え，小規模な修繕，大規模修繕，模様替え，増改築などの建築行為が発生し，そのたびに，事前にそのコストを把握し，建築行為の評価を行う必要が生じ，建築積算が行われる。

### （5）　解体・廃棄処分

　そして，最終的に建物は，「解体」，「廃棄処分」されることになるが，その際にも，事前に，解体や廃棄処分のコストを把握することが必要となる。

　このように建築積算は，建築の生産プロセスの上流から下流に至るすべてのプロセスにわたって必要とされている。そして，建築積算の目的は，設計図や仕様書，データ等に基づいて建築コストを算定する行為を通して，建築物の機能と経済性のバランスを図り，発注者のみならず社会にとって価値のある建築物の実現，維持・保全に貢献することであると考えられる。そのためには，建築のコスト算出以外にも，幅広い知識や技術，経験が必要となるが，この分野は，PCM（Project Cost Management：プロジェクトコストマネジメント）と呼ばれている。

## 1.1.4 建築積算業務の概要

　建築積算は，建築生産プロセスの上流から下流に至るまでの様々な活動に関わっているが，ここでは，もっとも典型的な例として，設計段階から入札・契約に至る段階で，積算者が行う建築積算業務の概要について紹介する。図1・5は，建築積算業務のおおよその流れを示したものである。

| （1）設計図書の受領 | ・設計図書の受領<br>・見積要項書の確認 |

| （2）積算作業の分担<br>　　設計図書のチェック | ・積算作業チームの編成<br>・積算作業の分担<br>・設計図書のチェック<br>・質疑の提出 |

| （3）建築数量の計測・<br>　　計算 | ・必要な工事の洗い出し<br>・建築数量の計測<br>・建築数量の集計計算 |

| （4）内訳書の作成と値入れ<br>　　工事価格の算定 | ・金額抜きの内訳書作成<br>・下見積の徴収，値入れ<br>・直接工事費の算出<br>・共通費の加算，工事価格の算定 |

| （5）提出価格の算定<br>　　書類の提出 | ・発注者への提出価格の算定<br>・発注者への書類の作成と提出<br>・受領していた設計図書等の返却 |

**図1・5　建築積算業務のおおよその流れ**

### （1）　設計図書の受領

　建築積算は，設計図書の受領からスタートする。設計図書とは，建築積算の根拠となる設計図や仕様書のことであり，設計図書の受領時には，通常，見積要項書が添付されることが多い。見積要項書とは，積算要領や見積条件，質疑応答の方法，入札の方法や日時，提出書類などについて詳細に記した書類のことである。

　設計図書は，原則として積算者が発注者から受領するものであるが，設計者が発注者の代行者として，積算者に渡すことが一般的である。その際，設

**図1・6　設計図書の受領**

計者は積算者に対し，敷地の条件や建築物の概要，施工条件などを，口頭または書面で説明することが多い。

## （2）　積算作業の分担と設計図書のチェック

　積算者は，建築積算業務の開始に先立ち，業務を担当するチームを編成し，積算作業の分担を行う必要がある。例えば，建築工事は，仮設工事，躯体工事，仕上げ工事などに，設備工事は，電気工事，給排水・衛生工事，空調工事などに作業を分けて積算を行う。また，受領した設計図書をチェックし，不明点や要望などがあれば，発注者（通常は代行する設計者）に質疑を提出する。

積算作業チェック　　　　　電話で質疑

**図1・7**　積算作業の分担と設計図書のチェック

## （3）　建築数量の計測・計算

　建築積算業務は，まず，設計図や仕様書などから，必要な工事を洗い出し，各工事に必要な各部材の材料について，その建築数量を正確に計測し，それを集計計算する。

　建築数量の計測は，「**建築数量積算基準**」に従って行われる。積算基準は，誰が積算してもその数量の差が許容範囲を超えないように，計測・計算の対象とする細目の区分や，内容，定義，設計図からの計測・計算方法，有効数字のとり方，結果の表示方法などについて，標準的に定めている。なお，設計図書の不明な点や誤りと思われる点が発見された場合には，速やかに発注者（実務的には，その代行者である設計者）に質疑を提出し，その回答を得て，疑問点を解消しながら行われる。計測結果については，寸法や倍数など数量の誤りがないかを確認し，集計表で集計し，再度数量をチェックをする。

## （4）　内訳書の作成と値入れ，工事価格の算定

　建築数量の算出が終了した後，内訳書を作成する。内訳書は，「**工種別内訳書**」と「**部分別内訳書**」の2種類に大別される。それぞれ，標準書式が定められており，標準書式に基づいて作成されるのが一般的である。なお，値入れのし易さや発注上の扱い易さから，「工種別内訳書」が用いられることが多い。

　内訳書は，種目別，科目別，中科目別，細目別の各内訳書がある。種目別内訳書には，直接工事費および共通費の種目の金額並びに消費税等相当額を記載する。科目別内訳書は，種目別内訳において区分した工事種目の直接工事費を主要な構成に従い区分し，その科目の金額を記

載する。中科目別内訳書は，科目別内訳において区分した科目を，さらに主要な構成に従い区分し，その中科目の金額を記載するが，一般に省略されることが多い。細目別内訳書は，各科目あるいは中科目に属する細目ごとに，数量，単価，金額を記載するが，必要に応じて別紙明細書を設け，単価を入れずに一式で記載することができる。

図1・8は，建築工事の科目別内訳書と，細目別内訳書の例である。

（科目別内訳）

| 名　　称 | 摘　要 | 数量 | 単位 | 金額 | 備考 |
|---|---|---|---|---|---|
| 1. 直接仮設 | | 1 | 式 | | |
| 2. 土　工 | | 1 | 式 | | |
| 3. 地　業 | | 1 | 式 | | |
| 4. 鉄　筋 | | 1 | 式 | | |
| 5. コンクリート | | 1 | 式 | | |
| 6. 型　枠 | | 1 | 式 | | |
| 7. 鉄　骨 | | 1 | 式 | | |
| 8. 既製コンクリート | | 1 | 式 | | |
| 9. 防　水 | | 1 | 式 | | |
| 10. 石 | | 1 | 式 | | |
| 11. タイル | | 1 | 式 | | |
| 12. 木　工 | | 1 | 式 | | |
| 13. 屋根及びとい | | 1 | 式 | | |
| 14. 金　属 | | 1 | 式 | | |
| 15. 左　官 | | 1 | 式 | | |
| 16. 建　具 | | 1 | 式 | | |
| 17. カーテンウォール | | 1 | 式 | | |
| 18. 塗　装 | | 1 | 式 | | |
| 19. 内 外 装 | | 1 | 式 | | |
| 20. ユニット及びその他 | | 1 | 式 | | |
| 21. 発生材処分 | | 1 | 式 | | |
| 計 | | | | | |

科目別内訳の例（建築工事）

（細目別内訳）

| 名　　称 | 摘　要 | 数量 | 単位 | 単価 | 金額 | 備考 |
|---|---|---|---|---|---|---|
| 11. タイル | | | | | | |
| （1）外部 | | | | | | |
| 床タイル張り | 仕様,寸法,工法 | | m² | | | |
| 床役物タイル張り | 仕様,形状,工法 | | m | | | |
| 階段床タイル張り | 仕様,形状,工法 | | m² | | | |
| 壁タイル張り | 仕様,寸法,工法 | | m² | | | |
| 壁役物タイル張り | 仕様,形状,工法 | | m | | | |
| 型枠先付けタイル | 仕様,寸法,工法 | | m² | | | |
| 型枠先付け役物タイル張り | 仕様,形状,工法 | | m | | | |
| 計 | | | | | | |
| | | | | | | |
| （2）内部 | | | | | | |
| 床タイル張り | 仕様,寸法,工法 | | m² | | | |
| 床役物タイル張り | 仕様,形状,寸法,工法 | | m | | | |
| 階段床タイル張り | 仕様,形状,寸法,工法 | | m² | | | |
| 壁タイル張り | 仕様,寸法,工法 | | m² | | | |
| 壁役物タイル張り | 仕様,形状,工法 | | m | | | |
| 計 | | | | | | |

細目別内訳の例（タイル工事）

**図1・8　内訳書の例**

　細目別内訳書は，はじめは単価と金額は入れずに作成する。単価や金額を入れる作業を「値入れ」という。値入れは，自社のデータや刊行物の単価だけでなく，その工事が実際に発注される場合も想定して，専門工事会社から見積書を徴収し（これを，「下見積の徴収」という），その単価や見積金額を参考にすることが多い。内訳書の細目の金額をすべて記入した後，その合計を各工事の金額として計上する。この時，各工事の金額を集計した合計額は，直接工事費と呼ぶ。

　直接工事費を算出した後，各工事の比率のバランスや単位面積当たりの工種別金額等を過去の実績データ等と比較し，間違いがないかチェックする。

　このチェックが完了した後，直接工事費に，共通仮設費，現場管理費，一般管理費等の共通費（経費）を加えて，工事価格を算出する。

### (5)　提出価格の算定と書類の提出

　施工者による建築積算業務の場合は，工事価格の算出の後に，発注者への提出価格を検討する。この場合，他社との競合等の競争状況や入札形態などを踏まえ，さらに，自社の利益や営業上の配慮等を勘案して，最終的には経営的な判断により，提出価格を決定する。

　最後に，発注者への書類を作成し提出する。提出書類は，設計図書の受領時に見積要項書などで指定されていることが多く，それに従って作成し提出する。また，受領していた設計図書等は，原則として返却するのが通例である。

　この書類の提出により，この段階での建築積算業務は完了する。

## 1.1.5　工事費の構成と内訳書標準書式

### (1)　工事費の構成

　建築の生産は経済活動であり，その重要な判断基準である工事費の計算やまとめ方が，会社ごとに，あるいは個人ごとに異なっていると，コストに関する客観的な判断が困難となる。このため，工事費の構成やその内訳書の書式は，建築業界として標準的なものが決められている。

　図1・9は，工事費の構成を示したものである。

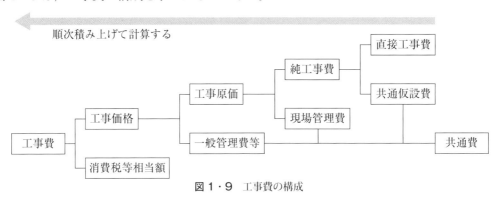

**図1・9　工事費の構成**

　建築積算業務では，まず，「直接工事費」を算出する。直接工事費は，建物の施工に直接必要となる費用であり，建築工事，設備工事，屋外施設工事などに分けて算出する。また，複数の建築物がある場合には，棟ごとに分けて計算する。

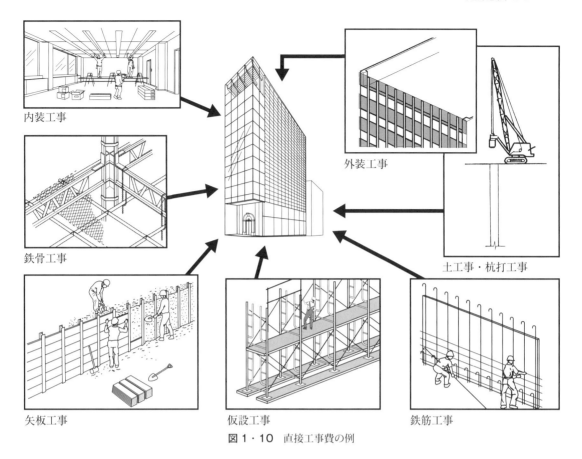

内装工事

鉄骨工事

矢板工事

外装工事

土工事・杭打工事

仮設工事

鉄筋工事

**図1・10　直接工事費の例**

　「直接工事費」に，「共通仮設費」を加えた金額を，「純工事費」と呼ぶ。「共通仮設費」とは，総合仮設費とも呼ばれ，建築，設備など複数の工事種目に対する共通の仮設費を指し，具体的には，準備費，仮囲い，現場事務所などの仮設建築物，隣接物養生，電力給排水光熱，整理清掃，現場警備などに要する費用が含まれる。

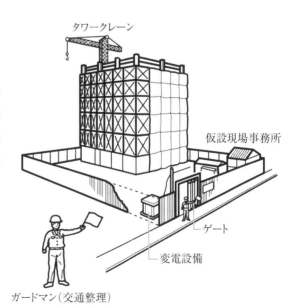

タワークレーン

仮設現場事務所

ゲート

変電設備

ガードマン（交通整理）

**図1・11　共通仮設費の例**

　次に，「純工事費」に「現場管理費」を加えた金額を，「工事原価」と呼ぶ。「現場管理費」は，建築現場の運営管理に要する費用で，その建築物の現場管理に係わる従業員の人件費や経費が含まれる。

(a) 労務等経費　　　　　　　　　　　(b) 現場職員給与

(c) 保険料　　　　　　　　　　　　(d) 事務用品費など

図 1・12　現場管理費の例

　次に，「工事原価」に「一般管理費等」を加えた金額を「工事価格」と呼ぶ。「一般管理費等」は，工事施工にあたる会社を維持していくための費用として，金額を工事価格に一定の割合を掛けて求める金額である。一般管理費の具体的な内容には，本社の人件費や経費，工事受注のための営業経費，調査研究費などが含まれる。

(a) 事務用具費　　　　　　　　　　(b) 調査研究費

(c) 動力・光熱費　　　　　　　　　(d) 広告宣伝費

図 1・13　一般管理費の例

　最後に，「工事価格」に，「消費税等相当額」を加えた金額を「工事費」と呼び，建築積算では，この工事費を算出することが，主要な目的となっている。なお，現場管理費と一般管理費等を合計した金額は「諸経費」と呼ばれ，この諸経費に共通仮設費を加えた金額は「共通費」と呼ばれる。

## （2）　内訳書と標準書式

　建築生産には，さまざまな専門工事が含まれており，その内容ごとに工事金額をまとめて表示することが，建築積算を行う上でも，また，工事を効率的に行う上でも重要である。その役割をはたすのが「内訳書」である。前述のように，内訳書は「工種別内訳書」と「部分別内訳書」の２種類に大別され，それぞれ標準書式が定められている[i]。「工種別内訳書標準書式」と「部分別内訳書標準書式」では，直接工事費のまとめ方が異なっており，それぞれ，各部分の分類や集計の方法，記載順序や記載要領が定められている。

### （a）　工種別内訳書標準書式

　図1・14は，工種別内訳書標準書式による工事費の構成を示したものである。工種別内訳書は，官庁をはじめ，民間でも最も多く使われている書式である。工種別内訳書は，専門工事の種類（工種）別に，直接仮設工事から，躯体，仕上げと，おおむね，実際の工事の単位発注，まとまりと順序に従って整理されている。このため，元請けの施工者が，各専門工事業者に専門工事を外注する場合に便利であり，建築現場での資材の購入や工程管理上も，この書式が便利と言われている。しかし，発注者や設計者にとっては，設計内容の変更によるコストの変化を把握しにくい点など，若干不便な面もある。

### （b）　部分別内訳書標準書式

　建築物は，床，壁，天井，開口部，雑（階段，庇）などの部分や部位で構成されている。こうした構成要素（エレメント）ごとの工事金額を把握することができれば，一般の人にも理解しやすいものとなる。

　こうした構成要素ごとに内訳書の科目を構成して工事費を算出する書式が，部分別内訳書である。この書式によれば，発注者や設計者にとっては，構成要素ごとの建築コストの把握が容易になり，建築物のコストプランニングや，設計変更への対応が容易になるというメリットがある。しかし，施工者にとっては，専門工事会社に専門工事を外注する際には，あらためて工種ごとに集計し直す必要があるなど，この書式をそのまま現場の発注業務や原価管理，工程管理等に使いづらいというデメリットを持っている。このため，部分別内訳書式の利用は，それほど進んでいないのが実情である。

---

[i] 現在，「建築工事内訳書標準書式」には，「工種別」，「部分別」の他，「改修」の書式が定められているが，ここでは，最も一般的な「工種別」と「部分別」を取り上げた。

　しかし最近は，コンピュータの利用により，工種別と部分別の両書式について，比較的容易にデータを変換できるようになっており，企画段階での概算やコストプランニングなどに部分別内訳書の優れた点を活かすなど，その活用範囲が広がりつつある。

　図1・15は，部分別内訳書標準書式による工事費の構成を示したものである。

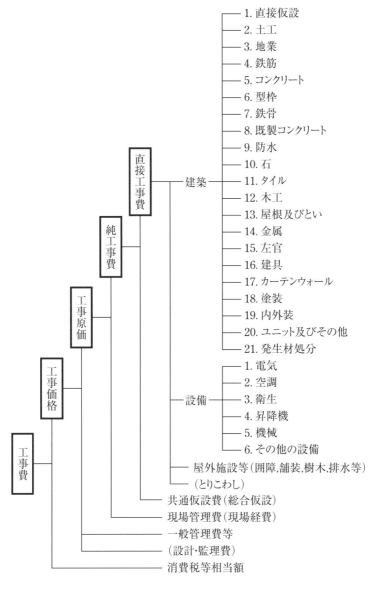

**図1・14　工種別標準書式による工事費の構成**

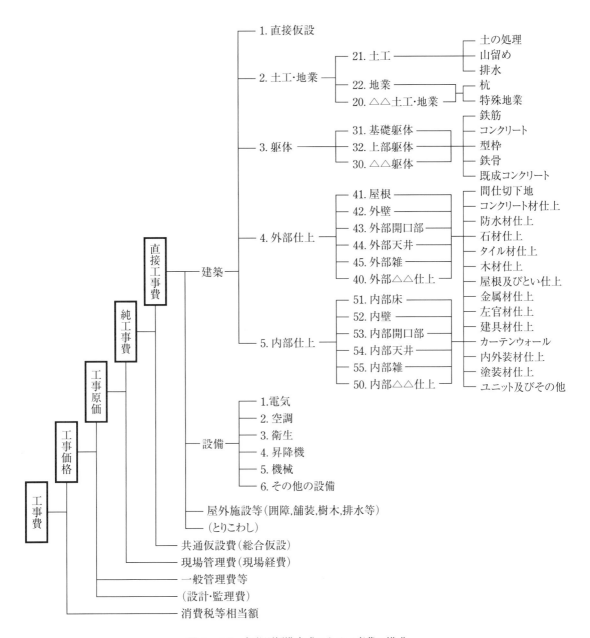

**図 1・15** 部分別標準書式による工事費の構成

# 第 2 章

## 積算数量の算出（鉄筋コンクリート造）

# 2.1　鉄筋コンクリート造の積算のための建物モデル

　本章では，以下の鉄筋コンクリート造建物事例について，建築数量積算基準に基づき，各項目の数量積算を行い，最後にまとめとして，内訳書の作成までを行う。

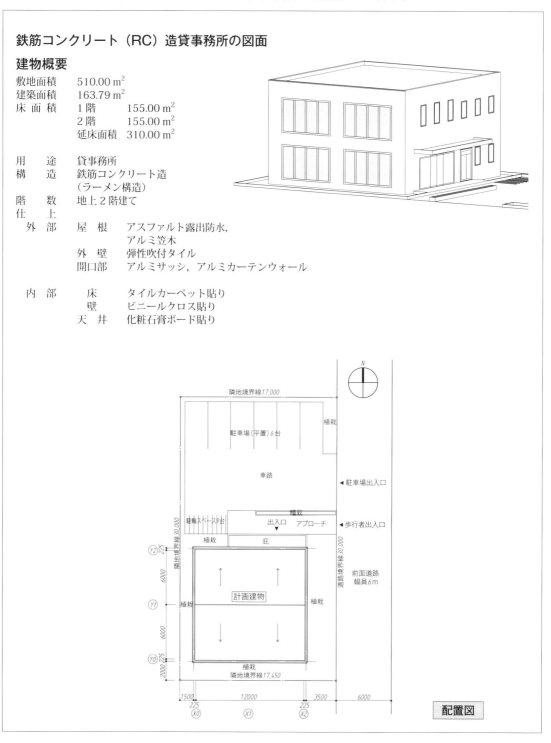

**鉄筋コンクリート（RC）造貸事務所の図面**

**建物概要**

| | | | |
|---|---|---|---|
| 敷地面積 | 510.00 m² | | |
| 建築面積 | 163.79 m² | | |
| 床 面 積 | 1 階 | 155.00 m² | |
| | 2 階 | 155.00 m² | |
| | 延床面積 | 310.00 m² | |

| | | | |
|---|---|---|---|
| 用 途 | 貸事務所 | | |
| 構 造 | 鉄筋コンクリート造（ラーメン構造） | | |
| 階 数 | 地上２階建て | | |
| 仕 上 | | | |
| 外 部 | 屋 根 | アスファルト露出防水，アルミ笠木 | |
| | 外 壁 | 弾性吹付タイル | |
| | 開口部 | アルミサッシ，アルミカーテンウォール | |
| 内 部 | 床 | タイルカーペット貼り | |
| | 壁 | ビニールクロス貼り | |
| | 天 井 | 化粧石膏ボード貼り | |

配置図

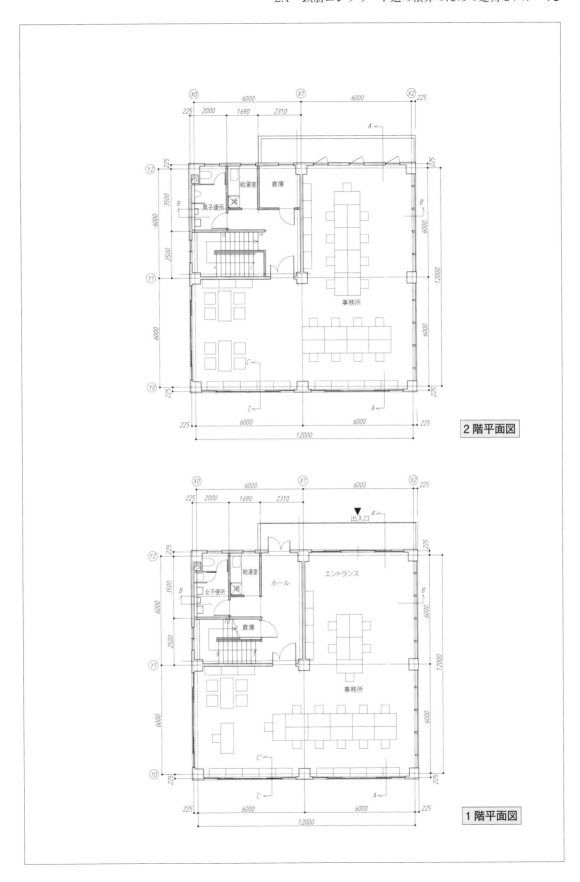

2階平面図

1階平面図

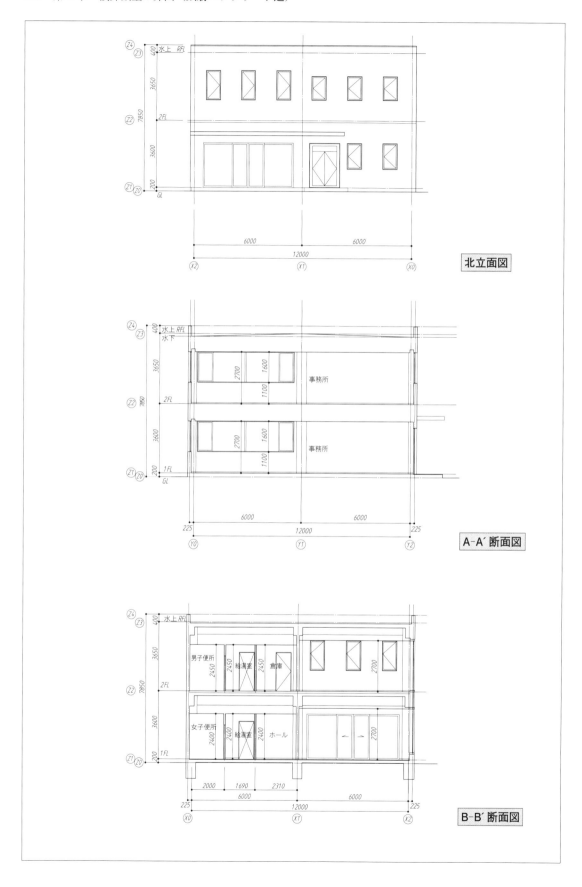

北立面図

A-A′断面図

B-B′断面図

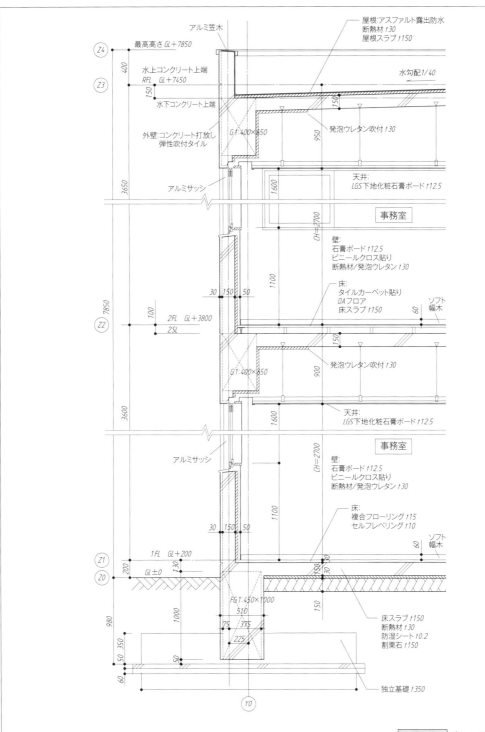

矩計図（C−C′）

アルミ笠木
最高高さ *GL+7850*
水上コンクリート上端
*RFL GL+7450*
水下コンクリート上端
外壁：コンクリート打放し
弾性吹付タイル
アルミサッシ

屋根：アスファルト露出防水
断熱材 *t30*
屋根スラブ *t150*
水勾配1/40
発泡ウレタン吹付 *t30*
天井：
*LGS* 下地化粧石膏ボード *t12.5*

事務室

壁：
石膏ボード *t12.5*
ビニールクロス貼り
断熱材/発泡ウレタン *t30*
床：
タイルカーペット貼り
*OA* フロア
床スラブ *t150*
ソフト幅木

*2FL GL+3800*
*2SL*

*G1:400×850*

発泡ウレタン吹付 *t30*
天井：
*LGS* 下地化粧石膏ボード *t12.5*

事務室

壁：
石膏ボード *t12.5*
ビニールクロス貼り
断熱材/発泡ウレタン *t30*
床：
複合フローリング *t15*
セルフレベリング *t10*
ソフト幅木

アルミサッシ

*1FL GL+200*
*GL±0*

*FG1:450×1000*

床スラブ *t150*
断熱材 *t30*
防湿シート *t0.2*
割栗石 *t150*

独立基礎 *t350*

＊基礎梁周りの増し打ちコンクリートについて
・基礎梁上端から壁下端間の増し打ちコンクリートは躯体積算の対象とする。
・ただし，基礎梁の外・内側面の増し打ちコンクリートは，構造図の対象としない。

# 2.2　土工

　土工について，工事概要の説明，積算区分と積算順序，そして，各部の数量算出方法を解説し，建物設計事例に基づき積算を行う。

## 2.2.1　土工の積算

### （1）　土工とは

　土工とは，建物の基礎や地下階を造るために，土を動かして処理する工事である。

　土工の積算区分は，整地，すき取り，根切り，床付け（とこづけ），埋戻し，盛土，建設発生土（不用土）処理，そして土工作業に伴う山留めや排水がある（図2・2）。

　これらの土工の積算細目事例を表2・1に示す。

### （2）　土工の積算順序

　土工を積算する順序は，一般に土工作業の順序とほぼ同様である。

> ①整地　→　②すき取り・切土　→　③根切り　→　④床付け　→　⑤砂利敷き　→
> ⑥埋戻し　→　⑦盛土　→　⑧建設発生土処理

　また，根切りや床付けなどの順序については，下記の部材の順に計測・計算する。

> ①基礎または底盤　→　②基礎梁　→　③基礎小梁

### （3）　土工の積算開始前の調査確認

　土工の費用は，現地で掘削する土質や地下水の有無とその水位レベル，地中障害物，建物周辺の立地条件（敷地搬入路の状況など），そして施工計画の作り方などによって，大きく変動する。

　したがって，事前に現地調査を行い，地盤や地下水の有無，さらには周辺の建築物の状況，そして計画している工事の規模や工期などの施工条件を検討した上で，的確な工事方法を選定しておくことが重要である。土工の積算を開始する前には，これらの点を事前に設計図や現地調査で十分に把握・確認しておくことが求められる。

　また，土工の積算を始めるにあたって，掘削深さの計測は，原則として設計地盤高さ（設計GL）より行うが，現状地盤高さと設計地盤との間に差がある場合，盛土や切土が生じるので，その有無を確認しておく必要がある。

土工

地業

躯体

仕上げ

設備

仮設

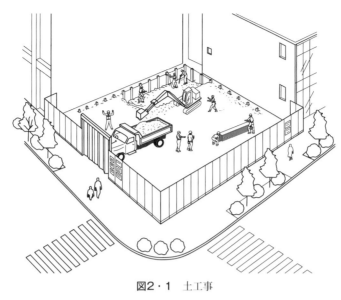

**図2・1　土工事**

```
├─ 土　工・・・　土を動かし処理する作業
│      ┌ ①　整地        ┐
│      │ ②　すき取り     │
│      │ ③　根切り      ├ ・・・　掘　削
│      │ ④　床付け      ┘
土　工 ─┤ ⑤　埋戻し      ┐
│      │ ⑥　盛土       ├ ・・・　埋める
│      └ ⑦　建設発生土処理 ┘ ・・・　捨てる
│
├─ 山留め・・・　根切り側面の土の崩壊などを防ぐための仮設
│
└─ 排　水・・・　工事中の湧水および雨水の排除
```

**図2・2　土工の積算区分**

**表2・1　土工の積算細目事例**

| 名称 | 適用 | 数量 | 単位 | 単価 | 金額 | 備考 |
|---|---|---|---|---|---|---|
| 土工 | | | | | | |
| （土工） | | | | | | |
| 整地 | | | $m^3$ | | | |
| 根切り | 深さ　1.1 m, 1.0 m | 187 | $m^3$ | | | 機械掘り |
| すき取り | 高さ　0.15 m | 8 | $m^3$ | | | 整地は別途 |
| 床付け | | 111 | $m^2$ | | | |
| 埋戻し | | 107 | $m^3$ | | | 掘削土利用 |
| 盛土 | | | $m^3$ | | | |
| 建設発生土（不用土）処理 | | 88 | $m^3$ | | | 捨場処理，処分費を含む |
| （山留め） | | | | | | |
| 山留め壁 | | | $m^2$ | | | |
| 腹起し・切梁 | | | m | | | |
| （排水） | | | | | | |
| ウェルポイント | | | m | | | |
| ディープウェル | | | 基 | | | |
| 釜場排水 | | | 台 | | | |
| 合計 | | | | | | |

## 2.2.2　土工数量積算の共通事項

### （1）　土工の数量算出

　一般に，建築設計図には，根切り，埋戻し，山留め，排水などの土工作業をいかに進めていくかの土工計画などは示されていない。そこで，積算担当者は，実際に現場で掘削する根切りの形状や山留めの方法などの計画を想定して数量を求める。この数量を**計画数量**と呼ぶ。なお，土工の進め方に関する土工計画がすでにあるときは，その計画に基づいて計測・計算する。

　一方，砂利敷き，割栗石，捨てコンクリートなどの図面上に明示されているものの数量は，設計図の寸法をそのまま計測する**設計数量**である。

### （2）　高さの計測

　土工の地盤高さの計測は，**設計地盤**❶（設計 GL）を基準線として行う。

　根切り深さなどの土工の計測の基準となる根切りの基準線は，設計地盤とするのが基本である。しかし，実際には設計地盤と現状地盤とは必ずしも一致しないケースもみられる。その場合，平均地盤面（敷地の平均高さ）を基準として積算を行う（図 2・3）。

### （3）　土砂量の変化

　建築積算では，土の掘削による土砂量の増加，または締固めなどによる土砂量の減少はないものとする。すなわち，土砂量はすべて**地山**❷の数量とし，掘削による増加，締固めによる減少は考慮しない。

## 2.2.3　土工各項目の数量積算

### （1）　整地

　整地とは，設計地盤または現状地盤に沿って行われる敷地の地均しをいう。つまり，地面の高低やでこぼこをなくし，平らにすることである。

　その数量は，指定された範囲の土地を真上から見たときの面積である水平面積とする。

$$\text{整地数量（m}^2） ＝ \text{敷地面積（m}^2）$$

　ただし，現状敷地が設計地盤より高いときは，余分な土をすき取り，または切土して設計地盤を形成する。その場合の数量は，対象水平面積に敷地の設計地盤からの平均高さを乗じて体積を計算する。

表2・2　地盤と基準線の関係

| 地盤と基準線の関係 | | |
|---|---|---|
| 地盤の関係 | 根切り基準線 | 備　考 |
| ①　現状地盤の高さ ＞ 設計地盤の高さ | 設計地盤 | 設計地盤まですき取りまたは切土を行う。 |
| ②　現状地盤の高さ ＝ 設計地盤の高さ | 設計地盤 | |
| ③　現状地盤の高さ ＜ 設計地盤の高さ | 現状地盤 | 設計地盤まで盛土を行う。 |

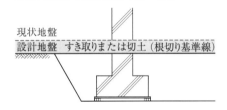

①現状地盤が設計地盤より高い場合

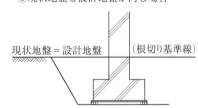

②現状地盤と設計地盤が同じ場合

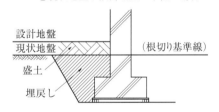

③現状地盤が設計地盤より低い場合

図2・3　地盤と基準線の関係

＊土工の地盤高さの計測は，設計地盤（設計GL）を根切り基準線とする。
（ただし，現状地盤（敷地の平均高さ）が設計地盤と異なる場合は，現状地盤面を基準線として計測する。）

≪用語解説≫

❶ **設計地盤**とは，設計GLとも呼ばれ，建築物の高さを決めるために基準となる点で，設計者が，計画の最初に設定する分かりやすい設計地盤面のこと。この他に，平均地盤（平均GL）という法的な地盤面があり，建物周囲の地盤高さを平均して割り出したもので，建物高さはこれを基準に決定する。

❷ **地山**とは，盛土などを行わない自然のままの地盤で，掘削等によりいまだ動かしていない部分の土をいう。

土工　地業　躯体　仕上げ　設備　仮設

## (2) すき取り・切土

　敷地の現状地盤が設計地盤よりも高い場合には，土を削り取り整地する。この作業を**すき取り**という。すき取りとは，一般に土間や犬走りなどを設けるために平均30cm程度の高さまで土を切り取ることをいい，それ以上は**切土**という（図2・4）。

　すき取り（または切土）数量は，その対象面積に現状地盤と設計地盤との平均高さを乗じて求める。

> すき取り（切土）数量（m³）＝すき取り（切土）面積（m²）×平均すき取り（切土）高さ（m）

## (3) 根切り

　根切りとは，建物基礎や地下部分を造るために，土を掘削することをいう。

　根切り工事の数量は，根切りの側面を垂直とみなして，その根切り面積と根切り深さとを乗じた体積とする。

> 根切り数量（m³）　＝　根切り面積（m²）　×　根切り深さ（m）

### (a) 根切り深さ

　根切り深さとは，図2・5に示すように，根切りの基準線から基礎，地下構築物などの底面までの深さに，捨てコンクリートや割栗地業などの厚さなどを加えたものをいう。

### (b) 根切り面積

　根切り面積とは，基礎または地下構築物などの底面の設計寸法に各辺の左右に作業のための「余幅」を加えて計測・計算した面積をいう（図2・6）。ただし，これらは積算上のきまりであり，必ずしも現場での施工実態とは一致しない。以下1)〜4)に根切り面積計測のきまりを説明する。

### 1) 作業上のゆとり幅

　作業上のゆとり幅とは，建築物の基礎や地下躯体などの型枠工事の組立てや，取外しなどの作業を行うために，作業員が入れる空間を見込んでおり，この作業空間の幅を指す。

　ゆとり幅は，オープンカットの場合は，根切り深さにかかわらず，0.5mを標準とする。なお，砂利地業などの出幅については考慮しない（図2・7）。

### 2) 法幅（のりはば）

　法幅とは，**法勾配❶**をつけて根切りを行う際に根切り深さに応じて設ける，勾配に対する底辺の幅を指す。実際の現場での掘削深さと法勾配との関係は，土の摩擦角や粘着力，含水量などで決まるが，積算上は，基本的に土質の種類によらず，根切り深さによって算出方法が決められている。具体的には，表2・3のとおり，（i）根切り深さ（$h$）が1.5m未満の場合，法幅は考慮しない。（ii）また，根切り深さ（$h$）が1.5m以上〜5.0m未満であれば，法幅は0.3×$h$となる。（iii）根切り深さ（$h$）が5.0m以上の場合は，法幅は0.6×$h$とする。

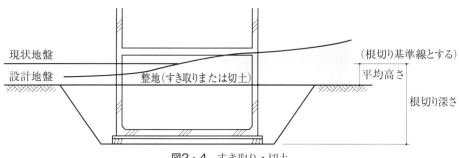

図2・4 すき取り・切土

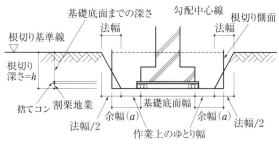

図2・5 根切り深さ・根切り面積
（オープンカットの場合）

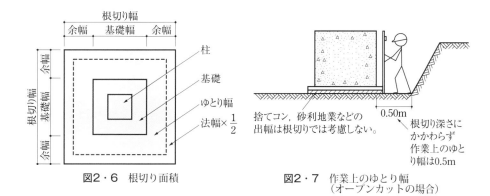

図2・6 根切り面積　　　　図2・7 作業上のゆとり幅
（オープンカットの場合）

表2・3 作業上のゆとり幅と法幅

| 山留め の有無 | 根切り深さ $h$ | 作業上の ゆとり幅 | 法幅 $xh$ |
|---|---|---|---|
| 無し | $h < 1.5\,\mathrm{m}$ | 0.5 m | — |
| | $1.5\,\mathrm{m} \leqq h < 5.0\mathrm{m}$ | | $0.3\,h$ |
| | $5.0\,\mathrm{m} \leqq h$ | | $0.6\,h$ |
| 有り | — | 1.0 m | — |

$x$：普通土係数

≪用語解説≫

❶ **法勾配**とは，オープンカット時の掘削面の勾配のこと。

土工　地業　躯体　仕上げ　設備　仮設

3）　余幅（よはば）

　余幅は，実際の現場における掘削形状とは異なるが，積算上では，基礎型枠の組立て・撤去等の作業に必要なゆとり幅に法幅の2分の1を加算した幅の部分をいう。ただし，根切り深さが1.5 m未満の場合は，作業上のゆとり幅（0.5 m）のみを確保する（表2・4）。また，山留めのある場合は，図2・8のように深さに関係なく1.0 mとする。

> **余幅（m）　＝　ゆとり幅（m）　＋　（法幅の2分の1）**

4）　基礎梁の根切り長さ

　基礎梁のための根切り長さは，独立基礎のための根切り側面間の距離とする（図2・9）。

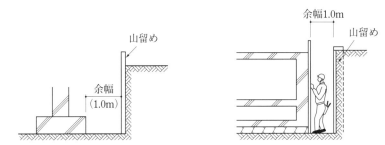

山留めのある場合の余幅は，地下構造物の側面から山留めの側面まで1.0 mとする。

**図2・8　作業上の余幅（山留めのある場合）**

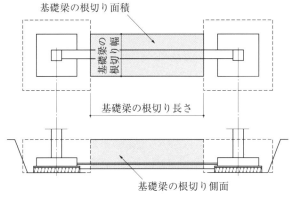

**図2・9　基礎梁の根切り長さ**

表2・4　作業上の余幅 $a$（山留めのない場合／普通土標準）

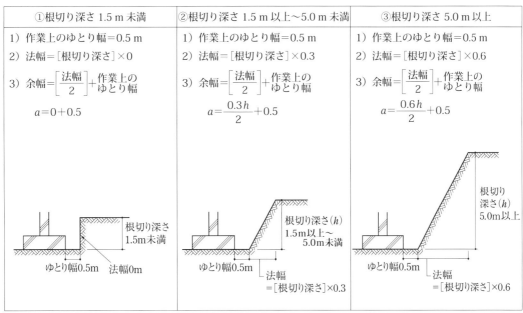

| ①根切り深さ 1.5 m 未満 | ②根切り深さ 1.5 m 以上～5.0 m 未満 | ③根切り深さ 5.0 m 以上 |
|---|---|---|
| 1) 作業上のゆとり幅＝0.5 m | 1) 作業上のゆとり幅＝0.5 m | 1) 作業上のゆとり幅＝0.5 m |
| 2) 法幅＝[根切り深さ]×0 | 2) 法幅＝[根切り深さ]×0.3 | 2) 法幅＝[根切り深さ]×0.6 |
| 3) 余幅＝$\left[\dfrac{法幅}{2}\right]$＋作業上のゆとり幅 | 3) 余幅＝$\left[\dfrac{法幅}{2}\right]$＋作業上のゆとり幅 | 3) 余幅＝$\left[\dfrac{法幅}{2}\right]$＋作業上のゆとり幅 |
| $a=0+0.5$ | $a=\dfrac{0.3h}{2}+0.5$ | $a=\dfrac{0.6h}{2}+0.5$ |

## （4）　床付け

　床付けとは，根切りの後，底面である根切り床を平坦に整える作業をいう（図2・10）。この根切り床は，建築物の重量を地盤に伝える大切な部分であり，砂利地業または割栗地業を行う前に凹凸がないようにしておく必要がある。

　床付け数量は，基礎，基礎梁下，耐圧盤下などの砂利地業の面積による。ただし，土間下は

$$床付け数量（m^2）　=　砂利地業の面積（m^2）$$

根切り底より 30 cm くらい浅い位置から手掘りまたは機械掘りで行う。
（機械掘りの場合は，バケットの爪に鋼板などを取付け養生し，根切り底を乱さない。）

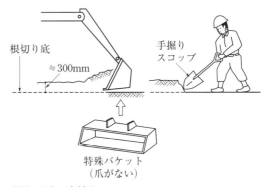

図2・10　床付け

## （5）　埋戻し

　埋戻しとは，根切り部分と基礎，地下構築物などとのすきまに，土，砂などを充てんすることによって，根切り基準線まで復旧することをいう（図2・11）。

使用する土，砂等が敷地内に仮置きできる場合，通常，根切り土を流用する。この場合，表2・5に示すような「土砂流用計画表」を作成し，合計埋戻し数量を算出する。この土砂流用計画表とは，工事に伴い同一敷地から発生する建設発生土や不足する土砂量を一覧にまとめた表をいう。

もし，仮置きスペースがない場合，あるいは土質が埋戻しに適さない場合は，外部からの搬入土を使用する。

現状地盤が設計地盤より低い場合は，現状地盤までを埋戻しとして扱い，現状地盤から設計地盤までを盛土として計測・計算する。

埋戻し数量は，根切りおよびすき取り数量を合計した根切りの総数量から，地中埋設数量，すなわち現状地盤以下の基礎または地下構築物の体積および砂利地業と捨て（均し）コンクリートなどの体積を差し引いた数量とする。

$$埋戻し数量（m^3）＝ 根切りの総数量（m^3）－ 地中埋設数量（m^3）$$

## （6） 盛土

盛土とは，低い地盤に土砂を盛り上げて高くすることをいう。図2・11のように設計地盤が根切り基準線より高い場合に根切り基準線までを埋戻しとし，根切り基準線から設計地盤までを盛土とする。

その数量は盛土すべき面積と，根切り基準線からの平均厚さを乗じた体積とする。

$$盛土数量（m^3）＝ 盛土面積（m^2）× 平均厚さ（m）$$

## （7） 建設発生土

建設発生土とは，その建築工事について不用となる土をいう。この数量算出についても土砂流用計画表を用いる。その数量計算方法は，敷地の条件または根切りおよびすき取りによる土の状況により，次のように分けられる。

1） 根切りおよびすき取りによる掘削土が，埋戻しおよび盛土に適するときは，総根切り数量から埋戻しおよび盛土の数量を減じた数量を建設発生土の数量とする。

　この場合，根切りおよびすき取りによる土を場内に仮置きすることができるものとする。

$$建設発生土数量（m^3）＝総根切り数量（m^3）－（埋戻し数量（m^3）＋盛土数量（m^3））$$

2） 根切りおよびすき取りによる掘削土が，埋戻しおよび盛土に適さない，あるいは土を仮置きする場所がない場合は，根切りやすき取りの量を建設発生土の数量とする。

$$建設発生土数量（m^3）＝ 総根切り数量（m^3）$$

土

地業

躯体

仕上げ

設備

仮設

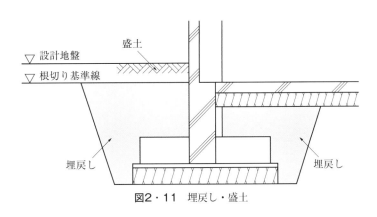

図2・11 埋戻し・盛土

表2・5 土砂流用計画表

(m³)

| 項　　目<br>工　事　別 | 根切り | すき取り | 盛土 | 埋戻し | 建設発生土処理 |
|---|---|---|---|---|---|
| 建 築 本 体 | 187.38 | 7.46 | — | ▲106.50 | 88.34 |
| 舗　　　床 | — | 5.00 | — | — | 5.00 |
| 浄 化 槽 | 8.50 | — | — | ▲ 2.30 | 6.20 |
| 整 地 盛 土 | — | — | ▲ 3.00 | — | ▲ 3.00 |
| ため桝・下水 | 5.00 | — | — | ▲ 1.50 | 3.50 |
| 計 | 200.88 | 12.46 | ▲ 3.00 | ▲110.30 | 100.04 |

① 掘削土が埋戻し・盛土に適する場合で，場内に仮置きできる。

建設発生土数量＝総根切り数量－埋戻し・盛土数量（地中埋設数量）

② 掘削土が埋戻し・盛土に適さない場合，あるいは場内に仮置きスペースがない場合

建設発生土数量＝総根切り数量（すべて場外拠出）

図2・12 建設発生土の計算

## 2.2.4　土工に伴い発生する工事

　土の処理作業に伴って必要となる工事に，山留め壁および排水がある。

### （1）　山留め壁

　山留め壁とは，根切り側面の土の崩壊などを防ぐための仮設をいい，その山留め壁数量は，山留め計画図に基づく計画数量で計測・計算する。

> **山留め壁面積(m²)＝山留め壁の高さ(根切り深さ＋根入れ長さ)(m)×山留め壁周長(m)**

　ただし，親杭・横矢板工法の矢板の数量は，「山留め壁の高さ（根切り深さを高さとする）×山留め壁周長＝壁面積」とする。また，山留め壁の一例を，図2・13に示す。

　山留め壁，腹起し，切梁，アースアンカーなどの山留め壁用機材類の数量を求める必要があるときは，山留め計画図に基づいて計測・計算する。なお，切梁については，通常，山留め壁に囲まれた面積，すなわち根切り面積とする。

### （2）　排水

　排水とは，工事中の湧水および雨水の排除をいい，その数量は湧水量および降雨量による。

　また，排水用機材類の数量を求める必要があるときは，排水の数量と土質などに基づいて排水計画を設定したうえで計測・計算し，具体的に工法を選択し，ポンプの台数や期間などを計上する。

表2・6　山留め壁・排水（土工）の積算細目事例

| 名　　称 | 摘　　要 | 数　量 | 単　位 | 単　価 | 金　額 | 備　　考 |
|---|---|---|---|---|---|---|
| 2. 土　　工 | | | | | | |
| （山留め） | | | | | | |
| 山　留　め　壁 | （親杭・横矢板 H＝250） | 325.0 | m² | | | |
| 山　留　め　支　保　工 | 切梁1段延伏 m²，2箇月 | 270.0 | m² | | | |
| （排水） | | 〃 | | | | |
| 釜　場　排　水 | （機器，下水道料金共） | （一式） | | | | |
| | 使用期間：2箇月，水中ポンプ釜場1箇所，沈砂槽共 | | | | | |
| （地中障害物処理） | | （一式） | | | | |
| （機　械　器　具） | | （〃） | | | | |
| （施工用地質調査） | | （〃） | | | | |
| （運　　搬） | | （〃） | | | | |
| 小　　計 | | | | | | |
| (注) 山留め，排水など必要あるときは，内訳を記載する。 | | | | | | |

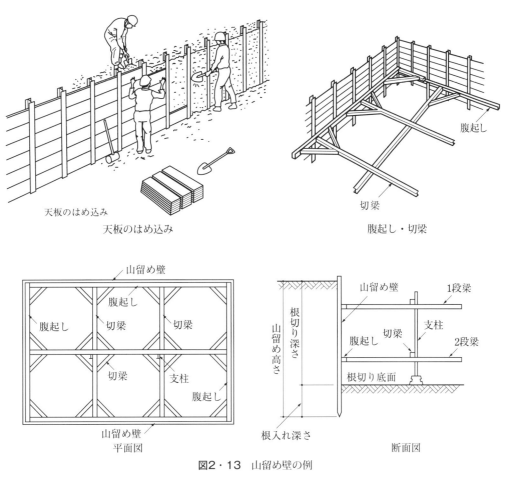

天板のはめ込み

天板のはめ込み

腹起し・切梁

図2・13 山留め壁の例

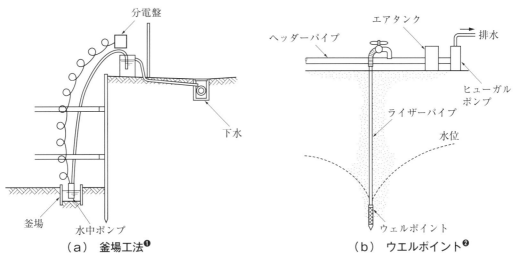

（a） 釜場工法❶

（b） ウエルポイント❷

図2・14 排水工法

≪用語解説≫

❶ **釜場工法**とは，掘削面に設けた釜場（くぼみ）に水を導き，水中ポンプで直接排水する工法。

❷ **ウェルポイント**とは，集水管を地下水面下に打ち込み，減圧して地下水を吸収・排水する工法。

## 2.2.5　土工積算のための設計事例

　ここでは，鉄筋コンクリート造事務所建物の基礎設計図（基礎伏図，部材リスト，矩計図）を例として，建築数量積算基準に基づく土工積算数量の拾い出しを行う。

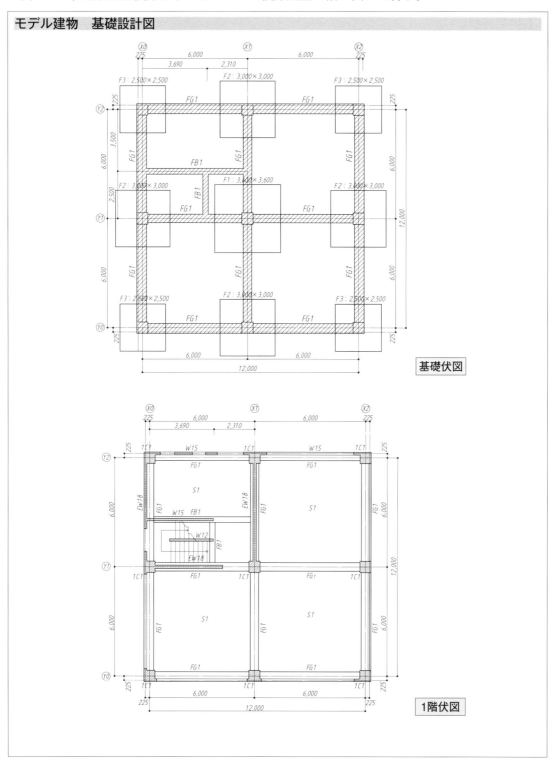

**モデル建物　基礎設計図**

基礎伏図

1階伏図

## 基礎リスト  特記なき限り下記による　コンクリート　FC21

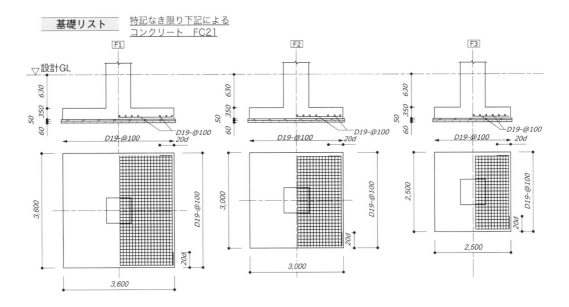

## 梁リスト

| 符　号 | FG1 | | 符　号 | FB1 | |
|---|---|---|---|---|---|
| 位　置 | 端部 | 中央 | 位　置 | 端部 | 中央 |
| 断　面 | | | 断　面 | | |
| B × D | 450 × 1,000 | | B × D | 300 × 600 | |
| 上端筋 | 5-D22 | 4-D22 | 上端筋 | 3-D19 | |
| 下端筋 | 5-D22 | 4-D22 | 下端筋 | 3-D19 | |
| スターラップ | 2-D13 @200 | | スターラップ | 2-D13 @200 | |
| 腹筋 | 2-D10 | | 腹筋 | 2-D10 | |

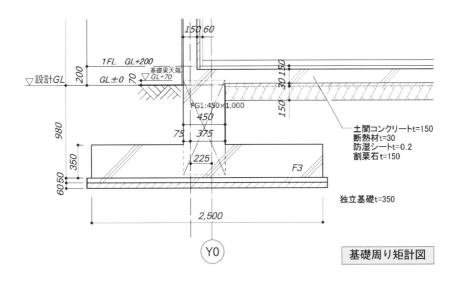

基礎周り矩計図

> **例題 1**　**根切り数量の算出（独立基礎）**
> 　本設計例の基礎伏図から図 2・17 に示す根切り計画図を描き，これに基づいて計測・
> 計算する。まず，設計例の独立基礎（F1）の根切り数量を求める。ただし，この事例で
> は山留めを設けないで行うものとする。

**【独立基礎の根切り数量算出例】**

（1）　独立基礎（F1）の根切り形状の算定

　①　根切り深さ

　　設計 GL は現状地盤レベルとして計測を行う。したがって，根切り深さは，現状地盤を基
準にして，基礎底面までの深さ，つまり，基礎下端では GL－0.98 m，それに，砂利地
業，捨てコンクリートの厚みを加えて算出する（図 2・15）。

　　　　根切り深さ＝（根切り基準線から基礎底面までの深さ）＋（捨てコンクリート厚さ）＋
　　　　　　　　　　（砂利地業の厚さ）＝0.98 m＋0.05 m＋0.06 m＝1.09 m

　②　根切り面積

　　（ⅰ）　ゆとり幅

　　　作業上のゆとり幅は，山留めを設けないので，深さに関わらず 0.5 m とする。

　　（ⅱ）　法幅

　　　根切り深さは上記から 1.09 m であるので，表 2・4 から根切り深さが 1.5 m 未満の場
合の法幅は 0 となり，法を設けず垂直とする。

　　（ⅲ）　余幅

　　　余幅（m）＝ゆとり幅（m）＋（法幅の 2 分の 1）＝0.50 m＋法幅なし＝0.50 m

（2）　根切り面積の算出

　　独立基礎（F1）の底面の設計寸法は，長さ 3.600 m×幅 3.600 m の正方形であり，根切り
面積は，独立基礎の底面の設計寸法に各辺の両側に作業のための余幅を加えて計測・計算する
（図 2・16）。

　　　　根切り面積＝（基礎長さ＋（余幅×2））×（基礎幅＋（余幅×2））
　　　　　　　　　＝（3.60 m＋（0.50 m×2））×（（3.60 m＋（0.50 m×2））
　　　　　　　　　＝4.60 m×4.60 m＝21.16 m$^2$

（3）　独立基礎（F1）の根切り数量の算出

　　上記で計算した根切り面積と根切り深さから，F1 の 1 箇所分の根切り数量は，下記の式に
より求められる。

　　　　F1 の根切り数量（1 箇所当たり）＝根切り面積（m$^2$）×根切り深さ（m）
　　　　　　　　　　　　　　　　　　＝21.16 m$^2$×1.09 m＝23.06 m$^3$

　　このF1 は 1 箇所であるため，23.06 m$^3$。

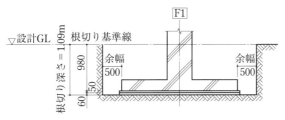

**図2·15 根切り深さ**

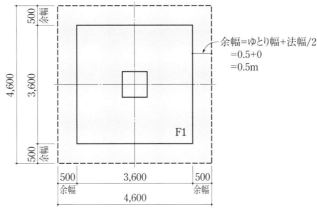

余幅=ゆとり幅+法幅/2
=0.5+0
=0.5m

**図2·16 根切り面積**

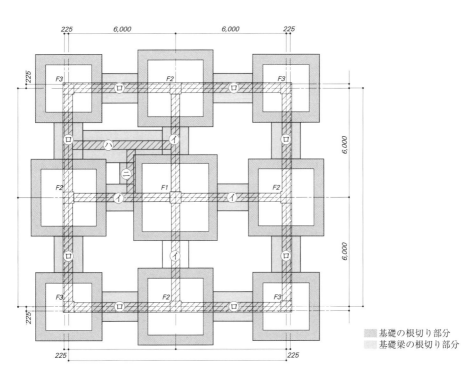

基礎の根切り部分
基礎梁の根切り部分

根切り計画図

特記なき限り下記による。
　直接基礎 ＋350 D19-@100
　直接基礎下端はGL-980とする。

**図2·17 根切り計画図**

土

地業

躯体

仕上げ

設備

仮設

> **例題2**　**根切り数量の算出（基礎梁）**
> 　基礎梁（FG1）㋑部分の根切り数量を計測する。

**【基礎梁の根切り数量計算例】**

(1)　基礎梁（FG1）㋑部分の根切り形状の算定

　①　根切り深さ

　　図2・18より，基礎梁天端は設計GL＋0.07 m。したがって，基礎梁高さ（1.00 m）から設計GLまでの寸法（0.07 m）を引くと，基礎梁底面までの根切り深さが0.93 mとなる。

　　　根切り深さ＝（根切り基準線から基礎梁の底面までの深さ）＋（捨てコンクリート厚さ）
　　　　　　　　＋（砂利地業の厚さ）＝0.93 m＋0.05 m＋0.06 m＝1.04 m。

　②　根切り面積

　　（ⅰ）　ゆとり幅

　　　根切り深さが上記より1.04 mであるので，表2・4（p.29）より，深さに関わらず0.5 m。

　　（ⅱ）　法幅

　　　根切り深さによって法勾配が変わるが，FG1の根切り深さが1.04 mであり，1.5 m未満のため不要となる（表2・4）。

　　（ⅲ）　余幅

　　　余幅＝ゆとり幅（0.50 m）＋法幅／2（0 m）＝0.50 m

　　（ⅳ）　根切り幅

　　　上記から基礎梁根切り幅は，基礎梁幅0.45（m）＋梁幅の左右両側に作業上のゆとり幅（0.5 m）で算出する（図2・18）。

　　　基礎梁根切り幅＝梁幅＋（作業のゆとり幅×2）＝0.45 m＋（0.50 m×2）＝1.45 m

　③　根切り長さ（m）

　　次に，独立基礎（F1）の根切り側面から独立基礎（F2）の根切り側面までの長さを計測する。

　　図2・20の根切り計画図より，㋑部分のFG1の基礎梁長さは4箇所とも同一長さであり，図2・19より1箇所につき下記のように求められる。

　　　基礎梁内法長さ＝6.00 m－（3.00 m／2＋3.60 m／2）＝2.70 m

　　したがって，基礎梁（FG1）の根切り長さ＝基礎梁内法長さ－F2余幅－F1余幅
　　　　　　　　　　　　　　　　　　　　　＝2.70 m－0.50 m－0.50 m＝1.70 m

(2)　基礎梁（FG1）の根切り数量の算出

　基礎梁（FG1）の㋑部分の根切り長さ1.70 mの1箇所分の根切り数量は，下記の式により求められる。

　　　FG1の根切り数量（1箇所当たり）＝根切り幅×根切り長さ×根切り深さ
　　　　　　　　　　　　　　　　　　　＝1.45 m×1.70 m×1.04 m＝2.564 m³

　　FG1㋑は，4箇所あるので次のようになる。2.564 m³×4（箇所）＝10.26 m³

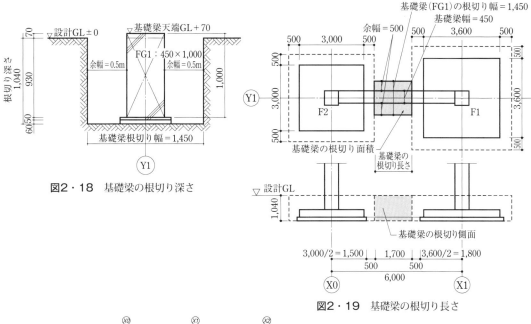

**図2・18** 基礎梁の根切り深さ

**図2・19** 基礎梁の根切り長さ

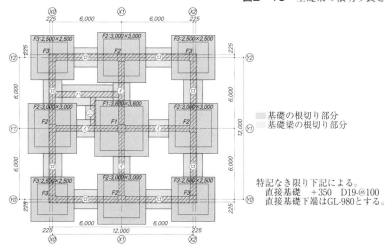

**図2・20** 根切り計画図

特記なき限り下記による。
直接基礎 ＋350 D19-@100
直接基礎下端はGL-980とする。

■ 基礎の根切り部分
■ 基礎梁の根切り部分

**表2・7** 根切り数量計算表

| 名称 | 位置 | | 幅 [m] | 長さ [m] | 深さ [m] | 箇所 | 数量 [m³] | 備考 |
|---|---|---|---|---|---|---|---|---|
| | 通り | 通り～通り | | | | | | |
| 根切り | | | | | | | | |
| F1 | $Y_1$ | $X_1$ | 4.60 | 4.60 | 1.09 | 1 | 23.06 | |
| F2 | $Y_0$, $Y_1$, $Y_2$ | $X_0$, $X_1$, $X_2$ | | | | | | |
| F3 | $Y_0$, $Y_2$ | $X_0$, $X_2$ | | | | | | |
| FG1 ㋑ | $Y_1$, $X_1$ | $X_0$～$X_2$, $Y_0$～$Y_2$ | 1.45 | 1.70 | 1.04 | 4 | 10.24 | |
| FG1 ㋺ | $Y_0$, $Y_2$, $X_0$, $X_2$ | $X_0$～$X_2$, $Y_0$～$Y_2$ | | | | | | |
| FB1 ㋩ | $Y_1／Y_2$ | $X_0$～$X_1$ | | | | | | |
| FB1 ㋥ | $X_0／X_1$ | $Y_1$～$Y_1／Y_2$ | | | | | | |
| 小計 | | | | | | | | |

※上記，空欄部分の根切り数量については，p. 44，p. 45の演習1および2の算出
数量を記入すること。

> **例題3**　建築本体におけるすき取り・床付け・埋戻し・建設発生土（不用土）処理数量を算出する。
>
> 　本設計例の基礎伏図に基づいて数量の計測・計算を行う。
>
> 　ただし，掘削した土は場内に仮置きし，埋戻しおよび盛土に適用する。

**【すき取り・床付け・埋戻し・建設発生土の計算例】**

（1）　すき取り

　　設計事例の建築本体のすき取り数量を求める。すき取りは，図2・21のA，B，Cの各部分である。まず，凹凸のあるA，Bの各面積を計算する。このような場合，図2・22のように大きい部分から小さい部分を差し引いて面積を求める。

　　また，すき取り高さは，図2・23から0.15mとなる。

①　すき取り面積

　　Ⓐの面積＝4.55 m×4.55 m－（1.64＋2.50＋1.06＋1.64）m²＝13.86m²（図2・22）

　　なお，Ⓐの部分の3箇所を乗じて数量を求める。

　　13.86 m²×3箇所＝41.58 m²

　　Ⓑの面積＝4.55 m×2.13 m－（1.06＋1.64）m²＝6.99 m²

　　Ⓒの面積＝1.05 m×1.13 m＝1.19 m²

　　上記を合計すると，すき取り面積＝41.58 m²＋6.99 m²＋1.19 m²＝49.76 m²

②　すき取り数量

　　すき取り数量＝すき取り面積×すき取り高さ

　　　　　　　　＝49.76m²×0.15 m＝7.46 m³

（2）　床付け

　　設計事例の独立基礎F1および基礎梁FG1 ㋑の床付け数量を求める。

　　床付けの数量は，図2・25（p.43）のように基礎下部などの砂利敷き面積によるが，砂利敷き面積の寸法の記載がない場合は，基礎コンクリート側面より左右にそれぞれ0.1m出幅を加えた寸法とする。

①F1 床付け数量

　　F1の一辺の長さは3.60mなので，

　　3.60 m＋0.1 m×2＝3.80 m　　（箇所数は1箇所）。

　　F1の床付け面積＝3.80 m×3.80 m×1箇所＝14.44 m²

②FG1 ㋑の床付け数量

　　FG1の基礎梁幅は0.45mなので

　　0.45 m＋0.1 m×2＝0.65 m

　　FG1 ㋑の長さは2.50 m（箇所数は4箇所）。

　　FG1 ㋑の床付け面積＝0.65m×2.50 m×4箇所＝6.50 m²

なお，その他の部分（F2，F3，およびFG1 ㋺，FB1 ㋩，㋥）を含めた計算数量を表2・8（p.43）に示す。

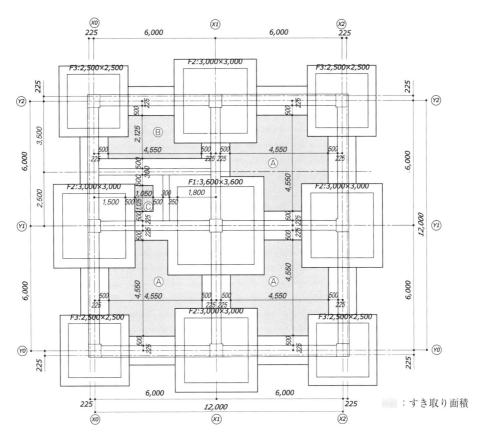

**図2・21** 根切り計画図（すき取り部分）

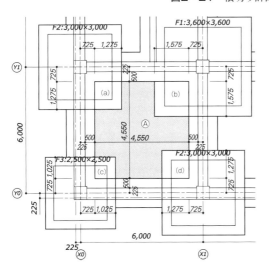

**図2・22** Ⓐのすき取り面積

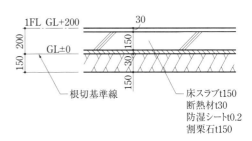

**図2・23** すき取り高さ

   全体　　4.55×4.55＝20.70 m²
a 部分　1.28×1.28＝1.64 m²
b 部分　1.58×1.58＝2.50 m²
c 部分　1.03×1.03＝1.06 m²
d 部分　1.28×1.28＝1.64 m²
∴　Ⓐの面積＝全体－（a＋b＋c＋d）＝20.70－（1.64＋2.50＋1.06＋1.64）＝13.86 m²

土　地業　躯体　仕上げ　設備　仮設

（3）　埋戻し数量

　　埋戻し数量（m³）は，根切りの総数量（m³）から地中埋設数量（m³）を差し引いて算出する。この事例の建築本体部分の各数量は以下のとおりとなる。

①　根切りの総数量

　　土砂流用計画表（p. 31，表2・5）から，建築本体部分の根切り総数量＝根切り数量 187.38 m³＋すき取り数量 7.46 m³＝194.84 m³

②　地中埋設数量

　　また，地中埋設数量は，現状地盤以下の基礎躯体，地下構築物，および砂利地業，均し（捨て）コンクリートなどの体積の合計であり，下記のとおりである。

　　　　・地下構築物のコンクリート数量は，58.03 m³（p. 120 基礎躯体数量の算出より）

　　　　・砂利敷き数量は 6.63 m³（p. 50，地業数量の算出より）

　　　　・均し（捨て）コンクリート数量は 5.53 m³（p. 50，地業数量の算出より）

　　　　・割栗敷き数量は 18.15 m³（p. 50，地業数量の算出より）

　　よって，地中埋設数量＝58.02 m³＋6.63 m³＋5.53 m³＋18.15 m³＝88.34 m³

③　埋戻し数量

　　埋戻し数量＝総根切り数量－地中埋設数量

　　　　　　＝194.84 m³－88.34 m³＝106.50 m³

（4）建設発生土（不用土）処理の数量

　　掘削した土が埋戻しおよび盛土に適していることから，建築本体部分の建設発生土（不用土）処理の数量は，

　　　総根切り数量（m³）－埋戻し数量（m³）＝194.84 m³－106.50 m³＝88.34 m³

となる。

※上記算出数量の一覧は，p. 31の表2・5土砂流用計画表の建築本体の項目を参照のこと。

**表2・8** 床付け面積計算表

| 床付け | 幅（m） | 長さ（m） | 箇所 | 数量（m²） |
|---|---|---|---|---|
| F1 | 3.8 | 3.8 | 1 | 14.44 |
| F2 | 3.2 | 3.2 | 4 | 40.96 |
| F3 | 2.7 | 2.7 | 4 | 29.16 |
| FG1 ㋑ | 0.65 | 2.5 | 4 | 6.50 |
| FG1 ㋺ | 0.65 | 3.05 | 8 | 15.86 |
| FB1 ㋩ | 0.50 | 5.35 | 1 | 2.68 |
| FB1 ㋥ | 0.50 | 1.93 | 1 | 0.97 |
| 床付け面積の合計 | | | | 110.57 m² |

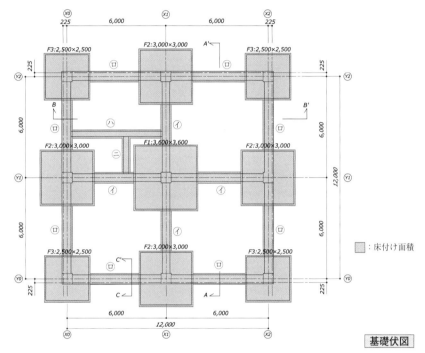

**図2・24** 床付け部分

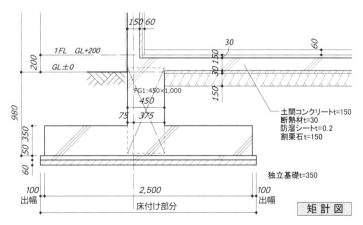

**図2・25** 基礎周り矩計図

縦書きタブ: 土工 地業 躯体 仕上げ 設備 仮設

## ◇演習1◇ 根切り数量の算出（独立基礎）

2.2.5 モデル建物における独立基礎（F2 および F3）の根切り数量を求めよ。

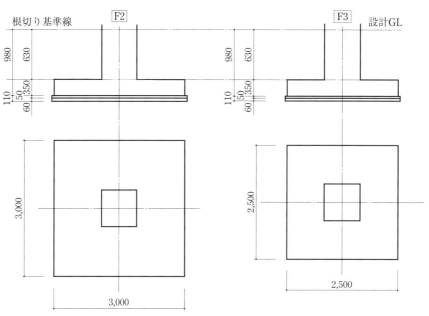

**図2・26** F2，F3 基礎

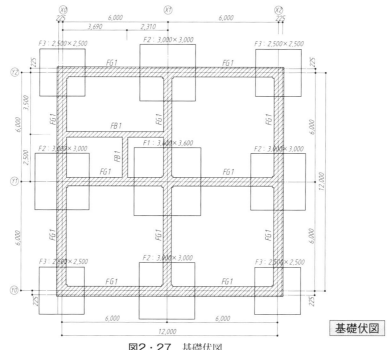

**図2・27** 基礎伏図

◇演習2◇ 根切り数量の算出（基礎梁）

基礎梁（FG1）の⊡部分（独立基礎（F2）～独立基礎（F3）の根切り側面まで）の8箇所，ならびに基礎小梁（FB1）の㋩，㊁部分の根切り数量を求めよ。

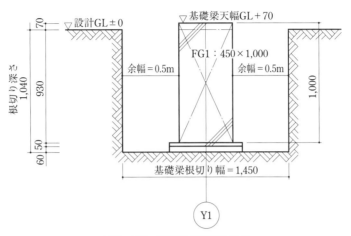

図2・28 基礎梁の根切り深さ

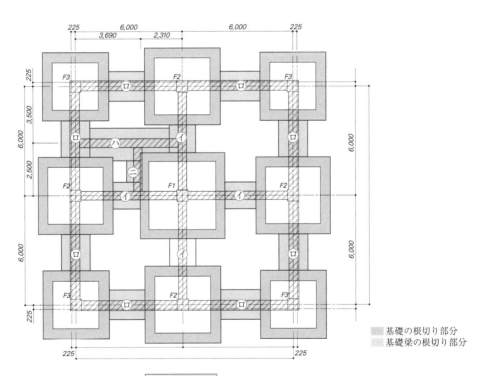

根切り計画図　特記なき限り下記による。
　　　　　　　直接基礎　＋350　D19-@100
　　　　　　　直接基礎下端はGL-980とする。

図2・29 根切り計画図

# 2.3　地業

## 2.3.1　地業の積算

### （1）　地業とは

　地業は，建造物を安全に支えるため，あるいは建造物の構築上の必要から，基礎工事に先行して地盤に施される工事である。＜ちぎょう＞と呼ぶが，＜ちぎょう＞ともいう。地盤が丈夫でそれ自体で建造物を支えることができる場合には，地盤面を極力平らにした後，割栗石などを並べて十分締固め（割栗地業），その上に均しコンクリートを打ってから建造物の構築を行う。また，地盤がよい場合は，直接，厚く均しコンクリートだけを打つこともある。

　一方，地盤が弱い場合は，杭を打ち込む（杭地業）ほか，ピア（柱状の地中構造物）やケーソンなどが地業として用いられる。

　したがって，地業には，割栗石・砂利・砕石などを敷いて建物の荷重を硬い地盤に伝える砂利地業，あるいは地中に打ち込んで建物を支持する杭工事，さらに根切り底（掘削した底の部分）の土や地盤などを強固にするための地盤改良などがある。

　これらの地業の積算細目事例を，表2・9に示す。

## 2.3.2　地業の計測・計算についての共通事項

　地業の計測・計算の共通事項は，以下のようになる。

> ①　地業の数量は，設計図に示された寸法に基づいて計測・計算する。
> ②　地業の計測は，独立基礎・布基礎または底盤など，建築物の底面を基準線とする。
> ③　杭頭の処理等の数量を求める場合は，既製コンクリート杭は寸法等別の本数，場所打ちコンクリート杭はその体積および鉄筋などの質量とする。

### （1）　地業各部分の計測・計算方法

#### （a）　砂利地業等

①　砂利地業等とは，図2・31のような根切り底における基礎下等の砂利地業，砕石地業，均し（捨て）コンクリートをいい，その数量は，設計図による面積とその厚さとの積による体積とし，その種類により区別する。

　　なお，設計図に記載のない場合は躯体側面より0.1 m出幅を加えた寸法とする。

②　杭径が600 mm未満の杭部分の砂利地業および均し（捨て）コンクリートの欠除はないものとする。

```
　　　　　　　砂利地業等　・・・・・　建築物の荷重を硬い地盤に伝える
地業　　　　　杭　　　　　・・・・・　建築物の基礎を支える
　　　　　　　地盤改良　　・・・・・　根切り底の土や地盤などを強固にする
```

**図2・30　地業の区分**

**表2・9　地業の積算細目事例**

| 名　　　　　称 | 摘　　　要 | 数量 | 単位 | 単価 | 金額 | 備　考 |
|---|---|---|---|---|---|---|
| 3. 地業 | | | | | | |
| （砂利地業等） | | | | | | |
| 　砂利敷き | 基礎・基礎梁下部⑦ 60 mm | 6.7 | m³ | | | |
| 　割栗石敷き | 土間コン下部，⑦ 150 mm | 18.2 | m³ | | | |
| （杭） | | | | | | |
| 　既製コンクリート杭 | （径，長さ，工法の別） | | 本 | | | |
| 　鋼管杭 | （径，長さ，工法の別） | | 本 | | | |
| 　場所打ちコンクリート杭 | （径，長さ，工法の別） | | 一式 | | | |
| 　杭頭処理 | | | 一式 | | | |
| 　杭間さらえ | | | 一式 | | | |
| （地盤改良） | | | | | | |
| 　サンドドレン工法 | | | 一式 | | | |
| 　サンドコンパクション工法 | | | 一式 | | | |
| 　地盤置換工法 | | | 一式 | | | |
| 合　　　計 | | | | | | |

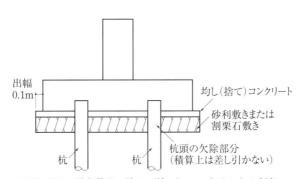

**図2・31　砂利敷き，均し（捨て）コンクリートの部分**

**図2・32　均し（捨て）コンクリートの打設**

③ 均し（捨て）コンクリートは，基礎の底面を平らにし，基礎の墨出しを容易にすることにより，基礎の型枠や鉄筋の位置を正確に決め，組立てを行いやすくするために敷くコンクリートである。その数量は，砂利敷きと同様に，設計図に示された砂利敷きなどの面積に均し（捨て）コンクリートの厚さを乗じた体積とする。

1) 砂利敷き数量の算出

砂利敷きは，独立基礎と基礎梁の下部に施されている。したがって，独立基礎，基礎梁下部の砂利敷きの数量は，これらの床付け面積の合計に，砂利敷きの厚さを乗じて求められる。

---

**砂利敷き数量（独立基礎，基礎梁下部）(m³)＝床付け面積の合計（m²）×砂利敷き厚さ（m）**

---

2) 均し（捨て）コンクリート数量の算出（コンクリート工事に計上する。）

均し（捨て）コンクリートは，独立基礎，基礎梁の下部に施されているので，その数量は砂利敷きなどの面積に，均しコンクリート厚さを乗じて求められる。

---

**均しコンクリート数量（m³）＝砂利敷きなどの面積の合計（m²）×均しコンクリート厚さ（m）**

---

### (b) 杭地業

1) 既製杭

既製杭には，コンクリート製，鋼製等のものがある。これらの既製杭による杭地業の積算方法は，材種，形状，寸法，工法等により区別し，継手を考慮した杭のセット本数とする。

2) 場所打ちコンクリート杭

① 場所打ちコンクリート杭とは，コンクリート現場打ちの杭地業をいう。

② 場所打ちコンクリート杭の数量は，材種，形状，寸法，工法等により区別し，原則として杭の箇所数（本数）による。コンクリート体積については杭工法，杭径による適切な割増をした数量とする。また，必要に応じて杭頭部にコンクリートの**余盛り**❶を加算する。杭に用いる鉄筋の所要数量は設計数量に対し，3% 増を標準とする。

土工

地業

躯体

仕上げ

設備

仮設

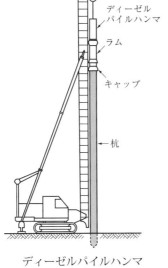

ディーゼルパイルハンマ

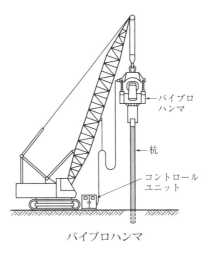

バイブロハンマ

場所打ちコンクリート杭の施工（掘削）

場所打ちコンクリート杭の施工（鉄筋かごの挿入）

**図2・33**　杭地業

≪用語解説≫

❶　**余盛り**とは，杭頭部コンクリートの品質確保のため，劣化する部分を見込んで設計杭頭より上部に余分に打ち込まれるコンクリート部分をいう。

> **例題 1** 砂利地業等の数量の算出（地業）
>
> 　p.34，p.35，p.51 の設計例に基づいて砂利敷き，割栗石敷き，均し（捨て）コンクリートの数量を計測・計算する。ただし，基礎下部，基礎梁下部は，砂利敷きであり，土間コンクリート下部は割栗石敷きとする。

**【砂利地業等の各数量算出例】**

　この事例の各数量は，以下のように求める。

　なお，砂利敷き，均し（捨て）コンクリートの各部分の面積は，床付け面積と対応するので，床付け面積計算表（表2・8，p.43）を参照すると計算を簡略化できる。

　また，それぞれの厚みは，砂利敷きが 0.06 m，割栗石敷きが 0.15 m，均し（捨て）コンクリートが 0.05 m である。

（1）　砂利敷き数量

　独立基礎，基礎梁下部の砂利敷き数量は，床付け面積の合計に砂利敷き厚さを乗じて求められる。

　　床付け面積の合計（m$^2$）×砂利敷き厚さ（m）＝110.57 m$^2$×0.06 m＝6.63 m$^3$

（2）　均し（捨て）コンクリート数量

　均し（捨て）コンクリートも，独立基礎，基礎梁下部に施されており，その数量は，砂利敷き数量と同様，これらの床付け合計面積に均しコンクリート厚さを乗じて求められる。

　（ただし，均しコンクリートは，コンクリート工事で計上する。）

　　110.57 m$^2$×0.05 m＝5.53 m$^3$

（3）　割栗石敷き数量

　土間コンクリート下部の割栗石敷き数量は，図2・34に示す土間コンクリート面積に割栗石厚さを乗じて求められる。（ただし，土間コンクリートは，コンクリート工事で計上する。）

　下記のようにまず，土間コンクリート面積を求める。

　　ⓐ部分　{6.00 m－（0.225 m×2）}×{6.00 m－（0.225 m×2）}＝30.80 m$^2$

　　　　　3箇所あるので　30.80 m$^2$×3箇所＝92.40 m$^2$

　　ⓑ部分　{6.00 m－（0.225 m×2）}×{3.50 m－（0.225 m＋0.15 m）}＝17.37 m$^2$

　　ⓒ部分　{6.00 m－（0.225m＋0.30 m＋0.35 m＋1.80 m）}×{2.50 m－（0.15 m＋0.225 m）}＝7.09 m$^2$

　　ⓓ部分　{（1.80 m＋0.35 m）－0.225 m}×{2.50 m－（0.15 m＋0.225 m）}＝4.11 m$^2$

　　合計すると，92.40 m$^2$＋17.37 m$^2$＋7.09 m$^2$＋4.11 m$^2$＝120.97 m$^2$

　したがって，割栗石敷き数量＝土間コンクリート面積（m$^2$）×割栗石厚さ（m）

　　　　　　　　　　　　　＝120.97 m$^2$×0.15 m＝18.15 m$^3$

土工

地業

躯体

仕上げ

設備

仮設

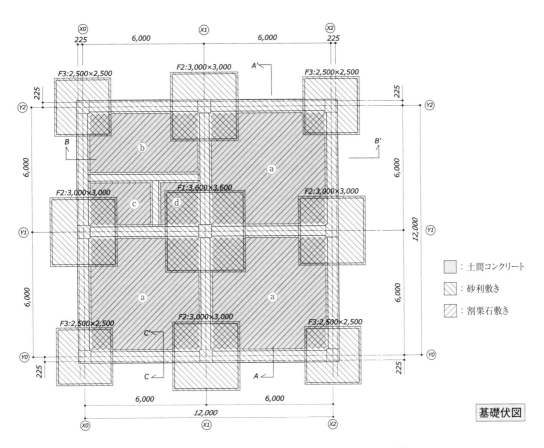

図2・34 砂利敷き・割栗石敷き・土間コンクリートの部分

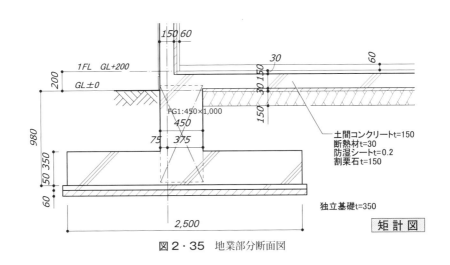

図2・35 地業部分断面図

# 土工・地業のまとめ

これまでの土工・地業の積算作業のまとめとして，各細目ごとに算出した数量積算結果を集計表にまとめ，最後に内訳明細書に記入する。

## 1　計算書・集計表

土工および地業の積算にて算出した数量を各細目ごとの集計を行う。下記の表2・10のような計算・集計表を用いてまとめることにより，積算段階での工事数量の集計のみならず，拾い落としや重複，あるいは計算エラーなどのチェックリストの役割も兼ねることができる。

表2・10　土工・地業積算　集計表の作成

| 名称 | 根　切　り（m³） | | | | | 地　　　業（m³） | | | | | 均し（捨て）コンクリート（m³） | | | | |
|---|---|---|---|---|---|---|---|---|---|---|---|---|---|---|---|
| | 幅 | 長 | 深 | か所 | 数量 | 幅 | 長 | 厚 | か所 | 数量 | 幅 | 長 | 厚 | か所 | 数量 |
| （根切り）（基礎） | | | | | | （砂利敷き） | | | | | （均しコンクリート） | | | | |
| F1 | 4.60 | 4.60 | 1.09 | 1 | 23.06 | ㋐ 60 mm | | p.50より | | 6.63（m³） | | | p.50より | | 5.53（m³） |
| F2 | 4.00 | 4.00 | 1.09 | 4 | 69.76 | （割栗石敷き） | | | | | | | | | |
| F3 | 3.50 | 3.50 | 1.09 | 4 | 53.41 | ㋐ 150 mm | | p.50より | | 18.15（m³） | | | | | |
| （基礎梁） | | | | | | | | | | | | | | | |
| FG1 ㋑ | 1.45 | 1.70 | 1.04 | 4 | 10.26 | | | | | | | | | | |
| FG1 ㋺ | 1.45 | 2.25 | 1.04 | 8 | 27.14 | | | | | | | | | | |
| FB1 ㋩ | 1.30 | 4.55 | 0.64 | 1 | 3.21 | | | | | | | | | | |
| FB1 ㋥ | 1.30 | 1.125 | 0.64 | 1 | 0.54 | | | | | | | | | | |
| | （上記基礎・基礎梁部分の根切数量の合計） | | | | 187.38（m³） | | | | | | | | | | |
| （すき取り） | | | p.40より | | 7.46（m³） | | | | | | | | | | |
| （床付け） | | | p.43（表2・8）より | | 110.57（m³） | | | | | | | | | | |
| （埋戻し） | | | p.42より | | 106.50（m³） | | | | | | | | | | |
| （建設発生土処理） | | | p.42より | | 88.34（m³） | | | | | | | | | | |

## 2　内訳明細書の作成

表2・10の集計表で作成した各細目の積算数量を内訳書に記入したものが数量書で，これに単価を値入れしたものが内訳明細書である。

本建物設計事例の土工・地業工事の積算内容を内訳明細書にまとめてある（表2・11）。

**表2・11　土工・地業積算細目内訳明細書の作成**

| 名　　　称 | 摘　　　要 | 数　量 | 単位 | 単　価 | 金　額 | 備　　考 |
|---|---|---|---|---|---|---|
| 2. 土工・地業 | | | | | | |
| 　根切り | 機械掘り | 187 | m³ | 500 | 93,500 | |
| 　すき取り | | 7.5 | m³ | 310 | 2,325 | |
| 　床付け | 根切底面積 | 111 | m² | 210 | 23,310 | |
| 　埋戻し | 掘削土利用 | 107 | m³ | 750 | 80,250 | |
| 　建設発生土運搬処理 | 捨場処理，処分費を含む | 88.3 | m³ | 5,000 | 441,500 | |
| 3. 地業 | | | | | | |
| 　砂利敷き地業 | 基礎下 | 6.6 | m³ | 4,700 | 31,020 | |
| 　割栗石敷き | 土間下 | 18.2 | m³ | 4,400 | 80,080 | |
| 　断熱材（フォームスチレンボード） | 土間下　厚30 | 121 | m² | 800 | 96,800 | |
| 　防湿シート（ポリエチレンシート） | 土間下　厚0.20 | 121 | m² | 180 | 21,780 | |
| 小計 | | | | | 870,565 | |

※内訳明細書の数量は，原則として小数点以下第2位を四捨五入し，小数点以下第1位とする。ただし，100以上の場合は，整数での表記となる。

# 2.4　躯体

## 2.4.1　鉄筋コンクリート造の躯体の積算

　鉄筋コンクリート造の躯体工事について，積算のための躯体の区分，積算順序，各工事の概要，そして，各部の数量算出方法を学び，さらに建物設計事例に基づき積算を行う。

### （1）　躯体工事とは

　**躯体**とは，「建物全体の強度を担う構造体」を指し，**躯体工事**とは，「基礎およびこれに接続する柱，梁，床や壁など建物の構造体を形成する骨組を造る工事」のことである。

　本項では，鉄筋コンクリート造のうち，通常のラーメン構造をもとに解説する。

　鉄筋コンクリート造の躯体工事は，型枠を設け，鉄筋を組み，コンクリートを打ち込んで，基礎・柱・梁・床・壁を造る工事である。

### （2）　躯体（骨組み）の区分

　鉄筋コンクリート造躯体の数量積算は，一般に建物の躯体（骨組み）を表2・12のように区分し，それぞれの部分ごとにコンクリート，型枠，鉄筋の各工事数量を計測・計算する。

### （3）　躯体の積算順序

　建物の躯体（基礎，柱，梁などの骨組み）の積算は，下記の区分で順番に行う。

| ①基礎　→　②柱　→　③梁　→　④床板　→　⑤壁　→　⑥階段　→　⑦その他 |
| --- |

　表2・13に示した積算の区分は，基礎，柱，梁など各部材の組立て・接続順序に則って示されている。例えば，柱と梁の接続は，「先の部分」としての柱がまずあり，「後の部分」として梁が柱に接続するものとしている。大梁と小梁の接続は大梁が先で，これに小梁が接続するものとし，同一部分相互間の場合は，断面・形状の大きい方を優先させて計測・計算していく。

　つまり，上記の躯体各部材を接続順序に従って計測・計算していくことにより，積算上の重複や抜け，さらに項目等がもれることをさけることができる。実務での積算においては，個々の各部材ごとにコンクリート，型枠，鉄筋の工事数量を拾い出し，計算集計する方法が一般的である。これは，各部材の寸法が各工事に共通しており，積算作業の効率化，そして部材の断面変更にも対応しやすいということによる。

　また，拾い出した部材別の数量の集計は，階別で行う。そこで各階ごとの範囲を明確にしておく必要がある。図2・38に，階の区分を示している。各階の範囲は，梁の天端から天端までとなる。

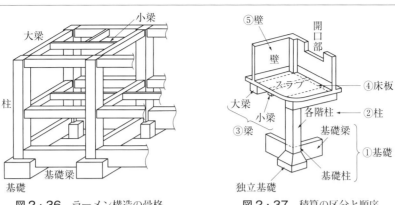

図2・36　ラーメン構造の骨格　　　　図2・37　積算の区分と順序

表2・12　躯体の区分

| 部分別区分 | （建物の骨組を形成する要素による分け方）<br>…　基礎，柱，梁，床板，壁，階段，その他 |
|---|---|
| 工種別区分 | （建物の骨組を造る工事内容による分類）<br>…　コンクリート工事，型枠工事，鉄筋工事 |

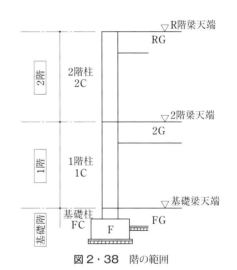

図2・38　階の範囲

表2・13　躯体の名称・区分

| ① | 基礎 | ・独立基礎　…基礎底面から柱との接続面までの部分 |
|---|---|---|
| | | ・布基礎　……基礎底面から柱または壁との接続面までの部分 |
| | | ・基礎梁　……独立基礎間・柱間または基礎梁間をつなぐ横架材の内法部分 |
| | | ・底盤　……独立基礎・布基礎・基礎梁に荷重を負担する部分 |
| ② | 柱 | ・基礎柱　……基礎上面から最下階床板上面までの部分 |
| | | ・各階柱　……階別にする場合は，床板の上面から床板の上面までの部分 |
| ③ | 梁 | ・大梁　……柱に接する横架材の内法部分，片持梁も含む |
| | | ・小梁　……梁に接する横架材の内法部分 |
| ④ | 床板 | ・床板　……柱・梁などに接する水平材の内法部分，片持床板なども含む |
| ⑤ | 壁 | ・壁　……柱・梁・床板などに接する垂直材の内法部分，開口部を除く<br>　　　そで壁，下り壁なども含む |
| ⑥ | 階段 | ・階段　……段床板・踊り場・手すり壁など |
| ⑦ | その他 | ・その他　……庇・パラペットなどの上記の各部分に接続する部分 |

### （4）　躯体の積算

### （a）　コンクリート工事

１）　コンクリート工事とは

　建物躯体の鉄筋が組まれ，型枠により形が決まると，その中にコンクリートを流し込む。コンクリート工事とは，このコンクリートの打設作業をいう。

２）　コンクリート工事の積算

　コンクリート工事の積算で必要となる工事内容は，以下のとおりである。

> ①　コンクリートの数量を計測・計算し，必要となる体積を算出する。
> 　必要なコンクリートの材料，品質，強度などの種類に区分し，各部分ごとに設計寸法により数量（体積）を求める。
> 　例えば，躯体コンクリート（Fc−24−15−25）とは，コンクリートの設計強度（N／mm²）−スランプ値（cm）−粗骨材❶最大寸法を表している。
> ②　その他，コンクリート工事に伴う各種の項目も計上する。
> 　具体的な項目として**コンクリート養生❷**，**温度補正❸**，**コンクリート足場❹**，機械器具，**運搬費❺**などがある。これらの多くの項目は，コンクリート打設工事時の所要の強度や品質を確保するために必要な項目であり，一般に一式計上されるものが多い。

表2・14　コンクリート工事の積算の細目事例

| 名　　称 | 摘　　要 | 数量 | 単位 | 単価 | 金額 | 備　　考 |
|---|---|---|---|---|---|---|
| 4. コ ン ク リ ー ト | | | | | | |
| 均し（捨て）コンクリート | Fc18N/mm², S＝15 cm | 5.6 | m³ | | | 打手間とも |
| 土 間 コ ン ク リ ー ト | 同　上 | 18.2 | 〃 | | | 〃 |
| 鉄 筋 コ ン ク リ ー ト | 基礎部 Fc21+3N/mm²,S=18 cm | 42.3 | 〃 | | | 〃 |
| 鉄 筋 コ ン ク リ ー ト | 地上部 同　上 | 128 | m³ | | | 〃 |
| 温 　度 　補 　正 | | 一式 | | | | 上記細目に含める。 |
| コ ン ク リ ー ト 養 生 | | 〃 | | | | |
| （コンクリート足場） | | （一式） | | | | |
| （機 　械 　器 　具） | | （〃） | | | | |
| （運 　　　搬） | | （〃） | | | | |
| 小 　　　計 | | | | | | |

３）　コンクリート数量積算の共通事項

　コンクリート数量の計測・計算についての共通のきまりは以下のようになる。

> ①　コンクリートの数量は，設計図書に基づく**設計数量**とする。
> ②　コンクリートの計測・計算は，設計寸法により体積を算出し，m³で表す。
> ③　コンクリートの中の鉄筋および小口径管類の体積は差し引かない。［図2・41（a）］
> ④　鉄骨によるコンクリートの欠除は，鉄骨の設計数量について7.85 tを1.0 m³と換算した体積を差し引くものとする。［図2・41（b）］
> ⑤　開口部（窓・出入口など）のコンクリートは，原則としてその建具などの内法寸法と壁の厚さとによる体積（建具類の内法寸法×コンクリート厚さ）を差し引く。ただし，開口部やダクトなど1箇所当たりの見付面積が0.5 m²以下の場合は差し引かない。［図2・41（c）］
> ⑥　コンクリートの断面寸法は，小数点以下2位までとする。

土工　地業　**躯体**　仕上げ　設備　仮設

図 2・39　コンクリート打設状況

図 2・40　ポンプ車による圧送

(a)鉄筋・小口径管類の
　　コンクリートの欠除はしない。

（※小口径管とは，電線管・
　給排水管・ガス管などの設
　備配管を指す）

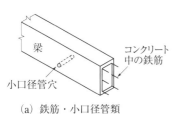

(a)　鉄筋・小口径管類

(b)鉄骨部分は7.85 tを1.0 m³と
　　換算して差し引く。

（※鉄骨鉄筋
　コンクリート（SRC）
　造の場合などに適用）

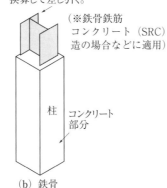

(b)　鉄骨

(c)開口部は,建具類の内法寸法×コ
　　ンクリート厚さを差し引く(ただし,1
　　箇所当たり見付面積が0.5m²以下
　　の場合は,差し引かない)。

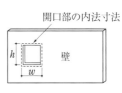

(c)　開口部

図 2・41　コンクリート数量の拾い出しの共通事項

・コンクリート工事───コンクリート材料・・・躯体を形成するコンクリート材料

　　　　　　　　　└──コンクリート打設等作業・・・コンクリートを流し込むための運搬,
　　　　　　　　　　　　　　　　　　　　　　　　　　打込み，締固め，養生等の作業

図 2・42　コンクリート工事の区分

≪用語解説≫

❶ **粗骨材**とは，セメントに混入する砂利・砕石をいい，粗骨材の最大寸法は 20 mm が一般に使用され
ている。

❷ **コンクリート養生**とは，コンクリートを施工・打設後，十分に硬化させ，良質な性質を発揮させるた
めに適正な温度や水分を保持すること。

❸ **温度補正**とは，冬場の低温によるコンクリート強度の発現低下に対するために行う。

❹ **コンクリート足場**とは，コンクリート打設のための足場のこと。

❺ **運搬費**とは，コンクリート打設用の重機運搬費をいう。

**(b)　型枠工事**

**1）型枠工事とは**

　型枠とは，躯体を形成するための鋳型であり，建物の完成時には残らない仮設物であるが，建築工事費の比率からみると，躯体工事の 40〜45％，全工事費の 12〜15％ を占める重要な工事である。したがって，型枠工事の経済性を追求し合理化を図ることは，全体工事に与える効果が非常に大きい。

　型枠工事は，図2・44 のように区別され，計測・計算される。

**2）型枠工事の積算**

　型枠工事の積算で必要となる工事内容は，以下のとおりである。

① 型枠の数量を計測・計算し，面積を算出する。

　型枠は普通型枠，打放し型枠，曲面型枠など工法・コンクリート打設仕上面により区別し，基本的にコンクリート打設の各部分ごとにその側面および底面の面積を計測・計算する。

　したがって，コンクリート数量を計測した寸法を利用して求めることができる。

　コンクリート打設後の型枠の解体工事費用も，この型枠工事項目単価に含まれる。

② その他，型枠工事に必要となる項目も計上する。

　例えば，**面木❶**，**目地棒❷**，清掃，型枠足場，型枠構台，運搬などがある。これらの項目は，一般に一式計上されるものが多い。

　型枠工事の積算の細目事例を表2・15 に示す。

表2・15　型枠工事の積算の細目事例

| 名　　　称 | 摘　　要 | 数量 | 単位 | 単価 | 金額 | 備　　　考 |
|---|---|---|---|---|---|---|
| 5. 型　　　　枠 | | | | | | |
| 　普　通　型　枠 | 基礎部 | 151 | m² | | | 組立て，取外し，ケレンとも |
| 　普　通　型　枠 | 地上部 | 794 | 〃 | | | 同　　　　上 |
| 　（清　　　掃） | | （一式） | | | | |
| 　（型　枠　足　場） | | （〃） | | | | |
| 　（型　枠　構　台） | | （〃） | | | | |
| 　（運　　　搬） | | （〃） | | | | |
| 　小　　　　計 | | | | | | |
| | | | | | | |
| （注）1. 型枠について，必要あるときは基礎型枠と上部型枠に区別する。 | | | | | | |
| 　　　 2. コンクリート面補正の費用は型枠の科目に含むものとする。 | | | | | | |

図2・43 型枠組立て工事

型枠工事 ── 型枠組立て工事・・・コンクリートを流し込むための躯体を形成する器を造る作業
　　　　 └─ 解体工事　　　・・・コンクリート硬化後，器を解体し，取り外す作業

図2・44 型枠工事の区分

≪用語解説≫

❶ **面木**とは，型枠工事の際，柱，梁，床板と梁の接合部などに面をとるため，型枠内側の隅に付ける三角型の細い木をいう。通常，出角に入れるため，面木の断面は三角形が一般的である。（図2・45）

❷ **目地棒**とは，**目地**❸をつけるために継ぎ目に入れる棒のこと。コンクリート工事の打継ぎ部分の目地，ひび割れを誘発させるために設ける誘発目地を造るため，あるいは意匠上の目地を付けるために使われる。（図2・45）

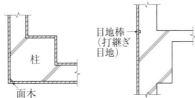

図2・45 面木・目地棒

❸ **目地**とは，建物において，少し間隔を空けた部材間の隙間・継目の部分をいう。

３）　型枠数量積算の共通事項

型枠工事の計測・計算についての共通のきまりは以下のようになる。

① 型枠工事の数量は，設計図書に基づく**設計数量**とする。
型枠の数量は，普通型枠，打放し型枠，曲面型枠等，材料，工法，コンクリート打設面等により区別する。

② 型枠工事の計測・計算は，コンクリートの各部分ごとに設計寸法により**面積**で算出する。基本的にその側面および底面の面積を対象として計測・計算し，接続部の面積を差し引いた面積とする。（図2・46）

③ 梁と床板，基礎梁等と基礎底盤，同一幅の柱と梁などを除き，「先の部分」と「後の部分」の接続部の面積が1箇所につき1 m² 以下であれば，「先の部分」の型枠は差し引かない。（図2・46）

④ 開口部（窓・出入口など）の型枠は，その建具などの内法寸法による面積を差し引く。ただし，その面積が0.50 m² 以下の場合は差し引かない。（図2・47）
また，開口部の周辺枠（抱き，**見込み部分❶**）の型枠は計測の対象としない。

⑤ 斜面の勾配が3／10を超える場合は，その部分の上面型枠，また，階段の踏面，階の中間にある壁付き梁の上面は，その部分の上面型枠を計測の対象とする。（図2・48）

⑥ 大面木，**化粧目地❷**，**打継ぎ目地❸**，**誘発目地❹**等は計測・計算の対象とする。なお，打放し型枠の通常の面取りは計測の対象としない。

（解説）

③　接続部の面積

接続部の型枠面積が1 m² 以下の場合（1箇所当たり），欠除はない。ただし，梁と床板，基礎と底盤との接続部については適用しない。例えば，梁と床板の型枠についてみると，「先の部分」の梁の型枠は最初に床板厚さ分だけ低い型枠を作り，そのコンクリートを打ち込む。したがって，梁の側面の型枠は，それに接続する「後の部分」の床板の厚さ分を事前に低くしたものとして計測する。

④　開口部

窓・出入口などの開口部の内法寸法面積を差し引く。ただし，開口部の見込み部分の型枠は差し引かない。なお，開口部の内法面積が1箇所当たり0.50 m² 以下の場合，型枠面積の差し引きはない。例えば，窓の開口内法寸法が幅0.70 m×高さ0.70 mの場合，開口部面積は0.70 m×0.70 m＝0.49 m² となり，0.50 m² 以下なので，型枠面積の差し引きはない。

⑤　斜面の勾配が3／10を超える場合

上記の他，基礎フーチングの上面，急勾配のコンクリート打ち屋根など，勾配が3／10以上の場合，上面型枠を計測する。

| 主な接続面 | 先の部分の材料 | 後の部分の材料 | 先の部分の型枠を差し引く場合 |
|---|---|---|---|
| 基礎と基礎梁 | 基礎 | 基礎梁 | 1箇所の接続面が1 m²以下であれば「先の部分」の型枠は差し引かずに計算する |
| 柱と床板 | 柱 | 床板 | |
| 柱と壁 | 柱 | 壁 | |
| 柱と梁 | 柱 | 梁 | |
| 床板と壁 | 床板 | 壁 | |
| 大梁と小梁 | 大梁 | 小梁 | |
| 梁と壁 | 梁 | 壁 | |
| 梁とスラブ | 梁 | 床板 | |

②接続部における「先の部分」と「後の部分」の関係

・接続部の型枠の欠除は，1 m²以下／箇所であれば差し引かない。（ただし，梁と床板，基礎梁と底盤などは除く。）

図2・46 「先の部分」と「後の部分」の接続部面積計測

・開口部は建具の内法寸法面積を差し引く。
　ただし，0.5 m²以下の場合は差し引かない。

| 開口部の面積 | 型枠の面積（m²） |
|---|---|
| $w \times h \leqq 0.5$ m² の場合 | $W \times H$ |
| $w \times h > 0.5$ m² の場合 | $W \times H - (w \times h)$ |

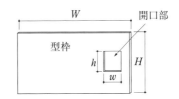

図2・47 開口部の面積計測

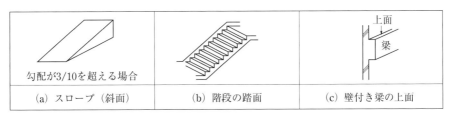

| (a) スロープ（斜面） | (b) 階段の踏面 | (c) 壁付き梁の上面 |
|---|---|---|

・斜面の勾配が3／10を超える場合は，上面型枠を計測する。

図2・48 上面型枠等の計測

≪用語解説≫

❶ **見込み部分**とは，窓・扉などの開口部の側方縦に用いられる見え掛かり部分や奥行きのことで，「見込み寸法」は，「抱き寸法」ともいう。

❷ **化粧目地**とは，石・レンガ・タイル・コンクリートブロックなどの貼付けや組積で表面を意匠的に仕上げた目地。

❸ **打継ぎ目地**とは，コンクリート打設作業を計画的に中断するために生ずるコンクリート構造体の継目をいう。この部分はあとでシーリング材を充てんするために，コンクリートの打設時，適当な溝を形成しておく。

❹ **誘発目地**とは，乾燥収縮，温度応力，その他の原因によって生じるコンクリート部材のひび割れを，予め定めた位置に生じさせる目的で所定位置に断面欠損を設けて造る目地をいう。

## （c）　鉄筋工事

### 1）　鉄筋工事とは

　鉄筋工事とは，コンクリートを打設するために鉄筋を組む作業をいい，棒鋼等の鋼材（鉄筋）を加工，接合，組立てをする専門工事である。図2・50に示したような2つの作業からなる。

　鉄筋には，「**丸鋼（普通鉄筋）**」と付着力を上げるために節が付いた「**異形鉄筋**」とがある。材質は SD295A，SD345，SD390 などが一般的に用いられている。D16 などで表され，D は，異形鉄筋であることを示し，数字が鉄筋の太さを表す。

### 2）　鉄筋工事の積算

　鉄筋工事の積算で必要となる工事内容は，以下のとおりである。

> ①　鉄筋の総延長数量を計測・計算し，単位長さ当たり重量（kg/m）を掛けて重量を算出する（t（トン）単位で表す）。
> 　必要な鉄筋の数量を，異形鉄筋・丸鋼などの材料種類ごとに，また，各鉄筋の太さサイズ（径）ごとに定められた積算基準に従い，設計寸法に基づき鉄筋の総延長を求める。この長さに JIS で定める単位長さ当たり重量（kg/m）を掛けて，必要鉄筋重量に換算する。
> ②　鉄筋長さの数量積算の基本的な考え方は，設計寸法をその部分の鉄筋の長さとみなし，これに必要な**定着❶・継手❷・フック❸**などの長さを加えたものとする。
> ③　加工組立コストも，普通鉄筋・異形鉄筋の別に計上する。
> 　（結束線，スペーサーブロックなどの工事コストはこの組立加工内に含まれる。）
> ④　その他，鉄筋工事に必要となる項目も計上する。
> 　例えば，**ガス圧接❹**，**鉄筋足場❺**，運搬などがある。これらの項目も別計上する。

≪用語解説≫

❶　**定着**とは2つの鉄筋部材（ⒶとⒷ）を緊結するとき，どちらか片方の鉄筋が十分な長さで相手側にのみ込む長さのことである。

❷　**継手**とは鉄筋相互のジョイントで，これには，重ね継手，圧接継手，機械式継手がある。
　2つの鉄筋部材の端を互いに重ねて結合する継手方式を「重ね継手」という。

❸　**フック**とは，付着力を上げるため，鉄筋の端部に折曲げをつけることをいう。

❹　**ガス圧接**
　ガス圧接継手は，鉄筋端面同士を突き合わせ，その周辺を酸素・アセチレン炎で加熱すると同時に軸方向に圧縮力を加えて加圧することで一体とする継手である。

❺　**鉄筋足場**とは，鉄筋を組むために設ける仮設の足場のことをいう。

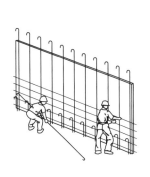

**図2・49 鉄筋組立て工事**

鉄筋組立て工事─┬─鉄筋加工・・・・鉄筋を必要な寸法や形状に切断，曲げなどの加工を行う。
　　　　　　　　└─組立て・・・・・現場にて鉄筋を組み立てる作業

**図2・50 鉄筋工事の区分**

---

主筋

配筋のうち，柱筋，梁筋および床筋の総称

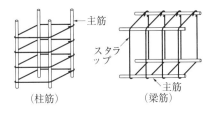

（柱筋）　　　　　（梁筋）

スタラップ（あばら筋）

梁の上下主筋を囲んで巻いた鉄筋で，梁の受けるせん断力に対する補強筋

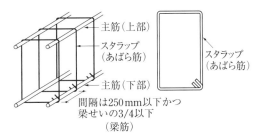

間隔は250mm以下かつ
梁せいの3/4以下
（梁筋）

---

帯筋（フープ）

柱の主筋に一定の間隔で巻き付けた水平の鉄筋

一般的に150mm
以下の間隔で巻き
付ける

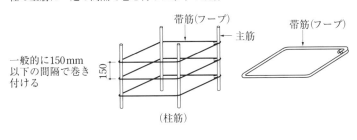

（柱筋）

腹筋

梁のウェブ部分に配置する鉄筋の名称

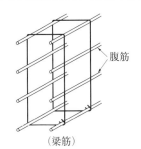

（梁筋）

**図2・51 鉄筋工事に関する名称**

3）　鉄筋数量積算の共通事項

　鉄筋工事の計測・計算についての共通のきまりは，以下のようになる。

①　先端で止まる鉄筋は，フックをみない。
　　基礎ベース，柱，梁，床板，壁等の先端で止まる鉄筋は，コンクリートの設計寸法をその部分の鉄筋の長さとし，これに，設計図書等で指定された場合は，フックの長さを加える。（図2・52）
②　帯筋・スタラップの鉄筋は，コンクリート設計断面の周長とする。
　　柱の帯筋（フープ）や梁のスタラップ（あばら筋）の長さは，それぞれ柱または梁のコンクリートの断面設計寸法の周長を鉄筋の長さとし，フックはないものとする。
　　また，基礎梁，梁，壁梁または壁の幅止筋の長さは，梁または壁のコンクリートの設計幅または厚さとし，フックはないものとする。（図2・53）
③　鉄筋の継手については，径13 mm以下の鉄筋は6.0 mごとに，径16 mm以上の鉄筋は7.0 mごとに継手があるものとして継手箇所数を求める。ただし，柱，梁，床板および壁の縦筋の継手については，実用上の利便性を考慮して別に運用規定が定められている。
　　また，径の異なる鉄筋の重ね継手は小さい方の径による継手とする。
　　なお，ガス圧接継手の加工のための鉄筋の縮みはないものとする。
④　鉄筋の割付本数の算定（図2・54）
　　柱の帯筋，梁のスタラップ，そして壁や床板等の鉄筋の割付本数は，その部分の長さを鉄筋の間隔（ピッチ）で割り，小数点以下第1位を切り上げた整数に1を加える。
　　例えば，5.5 mの長さの梁に，スタラップ筋が間隔150 mmである場合は，5.5 m÷0.15 m＝36.66→37本。したがって，37＋1＝38本となる。
⑤　開口部等による鉄筋の欠除については，1箇所当たり内法面積が0.5 m²以下はないものとする。
　　窓，出入口等の開口部による鉄筋の欠除は，原則として建具類等開口部の内法寸法による。（図2・55）
　　例えば，壁にある開口部が700×700 mmの窓の場合，0.7×0.7＝0.49 m²と1箇所当たり面積は0.5 m²以下であり，何箇所あっても差し引かなくてよい。
　　なお，開口補強筋は設計図書により計測・計算し，すべて計上する。
⑥　鉄筋の所要数量は，設計数量の4%増しを標準とする。
　　鉄筋についてその所要数量を求めるときは，設計数量の4%の割増しをした数量と定められている。
⑦　鉄筋のフック，定着，余長および重ね継手の長さについて，設計図書に描かれていないときは，日本建築学会，建築工事標準仕様書JASS 5鉄筋コンクリート工事の規定にならう。（表2・17）

4）　鉄筋の定着・重ね継手

定着

　鉄筋の定着とは，仕口部における部材相互の一体化を図るため，応力伝達を目的として，一方の部材の鉄筋を他方の部材内に延長して埋め込むこと。つまり，柱や梁あるいは床板の鉄筋を，柱筋は基礎に，梁筋は柱に，床板筋は梁に，壁筋は梁にのみ込ますことにより，相互の部材を一体化させることをいう。

① 先端で止まる鉄筋はフックをみない。

・先端で止まる鉄筋の長さは，コンクリートの設計寸法を鉄筋長さとする。

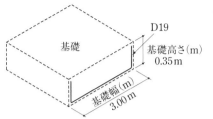

基礎ベース筋長さ $\ell$

　＝基礎のコンクリート設計寸法

　＝基礎幅＋基礎高さ×2

　＝3.00 m＋0.35 m×2＝3.70 m（ベース1本当たりの長さ）

**図2・52** 鉄筋長さの計測

② 帯筋・スタラップの鉄筋は，コンクリート断面の周長とする。

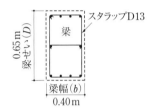

$\ell = 2(b) + 2(D)$

スタラップの長さ $\ell = 2 \times b + 2 \times D$

幅止筋の長さ $\ell = b$

$\Rightarrow$

スタラップ D13 の長さは

$2 \times 0.40\,\text{m} + 2 \times 0.65\,\text{m}$

$= 2.10\,\text{m}$

**図2・53** 帯筋・スタラップ・幅止筋の長さ

④ 鉄筋の割付本数の計算

・鉄筋の割付本数は，その部分の長さを鉄筋のピッチで割り，小数点以下第1位を切り上げた整数に1を加える。

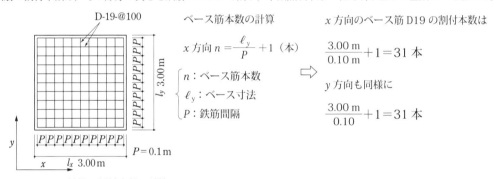

ベース筋本数の計算

$x$ 方向 $n = \dfrac{\ell_y}{P} + 1$（本）

$\begin{cases} n : ベース筋本数 \\ \ell_y : ベース寸法 \\ P : 鉄筋間隔 \end{cases}$

$\Rightarrow$

$x$ 方向のベース筋 D19 の割付本数は

$\dfrac{3.00\,\text{m}}{0.10\,\text{m}} + 1 = 31$ 本

$y$ 方向も同様に

$\dfrac{3.00\,\text{m}}{0.10} + 1 = 31$ 本

**図2・54** 鉄筋の割付本数の計算

⑤ 開口部の欠除

・開口部による欠除は，1箇所当たり 0.5 m² 以下は引かなくてよい。

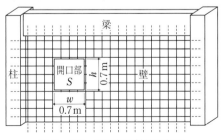

開口部面積

$0.70\,\text{m} \times 0.70\,\text{m} = 0.49\,\text{m}^2 \leqq 0.5\,\text{m}^2$

$S = w \times h \leqq 0.5\,\text{m}^2$

開口部は 0.5 m² 以下なので，この場合の鉄筋の欠除はない。

**図2・55** 開口部の鉄筋の扱い

重ね継手

　　鉄筋はトラックで運搬できる長さに切断されているので，柱や梁などに使う長い鉄筋が必要な場合は，現場で短い鉄筋をつなぎ合わせて，1本の長い鉄筋にしている。

　　このつなぎ合わせる部分を「重ね継手」という。この重ね継手の長さは，鉄筋の種類やコンクリートの強度，フックの有無によって決められている。

　　例えば，継手長さ40dは，鉄筋の継いである部分（継手）の長さをいい，このdは，鉄筋の直径で，もしφ13 mmの場合，40×13 mm＝520 mmとなる。

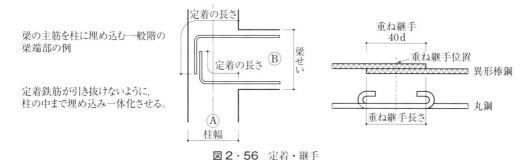

**図2・56**　定着・継手

・鉄筋の定着・継手・フックの長さ

　　鉄筋の定着・継手・フックの長さのとり方や位置は，使用する鉄筋の規格・形状，部位などにより，鉄筋コンクリート構造設計基準・同解説や建築工事標準仕様書・同解説 JASS5 鉄筋コンクリート工事（日本建築学会）によって規定されている。これらの定着・継手・フック長さを算出する際に役立つ早見表を表2・17（p.67）に示す。

**鉄筋工事**の積算の細目事例を表2・16に示す。

表2・16　鉄筋工事の積算の細目事例

| 名　　　称 | 摘　　要 | 数　量 | 単　位 | 単　価 | 金　額 | 備　　考 |
|---|---|---|---|---|---|---|
| 6.鉄筋 | | | | | | |
| 　異形鉄筋 | SD295A　D10 | 3.9 | t | | | |
| 　異形鉄筋 | SD295A　D13 | 6.5 | t | | | |
| 　異形鉄筋 | SD345　D16 | 0.7 | t | | | |
| 　異形鉄筋 | SD345　D19 | 0.3 | t | | | |
| 　異形鉄筋 | SD345　D22 | 3.7 | t | | | |
| 加工組立て | | 16.9 | t | | | 結束線・スペーサーとも |
| | | | | | | |
| 圧接 | | | | | | |
| 　圧接 | SD345　D16 | 0 | 箇所 | | | |
| 　圧接 | SD345　D19 | 12 | 箇所 | | | |
| 　圧接 | SD345　D22 | 190 | 箇所 | | | |
| 鉄筋足場 | | | 一式 | | | |
| 鉄筋運搬 | | | 一式 | | | |
| 　　小計 | | | | | | |

表 2・17　鉄筋参考表（日本建築学会 JASS5 鉄筋コンクリート工事による）

(a) 鉄筋のフックの長さ　　　　　　　　　　　　　　　　　　　　　　　　　　　　［単位：m］

(1) 曲げ角 180° の場合

〔SR235, SRR235〕
SR295, S RR295
SD295A, SD295B
SDR295
SD345 ,SDR345
〔SD390〕

4d以上
D≧3.0d
dが16以下
D≧3.0d
dが19以上
D≧4.0d
D≧5.0d

| 呼び名に用いた数値d | SR235 SRR235 | SR295, SRR295 SD295A, SD295B SDR295 SD345, SDR345 | | SD390 |
|---|---|---|---|---|
| | $L=10.28d$ | $L=10.28d$ | $L=11.85d$ | $L=13.42d$ |
| 9 | 0.10 | 0.10 | | |
| 10 | 0.11 | 0.11 | | 0.14 |
| 13 | 0.14 | 0.14 | | 0.18 |
| 16 | 0.17 | 0.17 | | 0.22 |
| 19 | 0.20 | | 0.23 | 0.26 |
| 22 | 0.23 | | 0.27 | 0.30 |
| 25 | 0.26 | | 0.30 | 0.34 |
| 28 | 0.29 | | 0.34 | |
| 29 | 0.30 | | 0.35 | 0.39 |

注1　$d$ は，丸鋼では径，異形鉄筋では呼び名に用いた数値とする。
　2　$L$ はフックの長さ，$D$ は鉄筋の折り曲げ内法寸法。
　3　折り曲げ角度 90° は，床板筋，壁筋の末端部または床板と同時に打ち込む T 形および L 形梁に使用される U 字形あばら筋のキャップタイのみに用いる。
　4　片持ち床板の上端筋の先端，壁の自由端に用いる先端の余長は $4d$ 以上でよい。
　　・定着長さ＝定着＋フック（フック有の場合）
　　・重ね継手長さ＝重ね継手＋フック×2（フック有の場合）

(b) 鉄筋の定着，重ね継手の長さおよび鉄筋径の倍数表

| コンクリート設計基準強度 [N/mm²] 普通，軽量共 | 鉄筋種類 | フック 有　無 | 重ね継手 ($L1$) | 定着 | | |
|---|---|---|---|---|---|---|
| | | | | 一般 ($L2$) | 下端筋 ($L3$) | |
| | | | | | 小梁 | 床スラブ 屋根スラブ |
| 18 以下 | SR235, SRR235 | 有 | $45d$ | $45d$ | $25d$ | 0.15 m |
| | SD295A, SD295B SDR295, SD345 SDR345 | 有 | $35d$ | $30d$ | $15d$ | $10d$ かつ 0.15 m 以上 |
| | | 無 | $45d$ | $40d$ | $25d$ | |
| 21〜24 | SR235, SRR235 | 有 | $35d$ | $35d$ | $25d$ | 0.15 m |
| | SD295A, SD295B SDR295, SD345 SDR345 | 有 | $30d$ | $25d$ | $15d$ | $10d$ かつ 0.15 m 以上 |
| | | 無 | $40d$ | $35d$ | $25d$ | |
| | SD390 | 有 | $35d$ | $30d$ | $15d$ | |
| | | 無 | $45d$ | $40d$ | $25d$ | |
| 27〜36 | SD295A, SD295B SDR295, SD345 SDR345 | 有 | $25d$ | $20d$ | $15d$ | $10d$ かつ 0.15 m 以上 |
| | | 無 | $35d$ | $30d$ | $25d$ | |
| | SD390 | 有 | $30d$ | $25d$ | $15d$ | |
| | | 無 | $40d$ | $35d$ | $25d$ | |

| 鉄筋径の倍数長さ [m] | | | | | | | | | |
|---|---|---|---|---|---|---|---|---|---|
| 呼び名に用いた数値 倍数 | 9 | 10 | 13 | 16 | 19 | 22 | 25 | 28 | 29 |
| $10d$ | 0.09 | 0.10 | 0.13 | 0.16 | 0.19 | 0.22 | 0.25 | 0.28 | 0.29 |
| $15d$ | 0.14 | 0.15 | 0.20 | 0.24 | 0.29 | 0.33 | 0.38 | 0.42 | 0.44 |
| $20d$ | 0.18 | 0.20 | 0.26 | 0.32 | 0.38 | 0.44 | 0.50 | 0.56 | 0.58 |
| $25d$ | 0.23 | 0.25 | 0.33 | 0.40 | 0.48 | 0.55 | 0.63 | 0.70 | 0.73 |
| $30d$ | 0.27 | 0.30 | 0.39 | 0.48 | 0.57 | 0.66 | 0.75 | 0.84 | 0.87 |
| $35d$ | 0.32 | 0.35 | 0.46 | 0.56 | 0.67 | 0.77 | 0.88 | 0.98 | 1.02 |
| $40d$ | 0.36 | 0.40 | 0.52 | 0.64 | 0.76 | 0.88 | 1.00 | 1.12 | 1.16 |
| $45d$ | 0.41 | 0.45 | 0.59 | 0.72 | 0.86 | 0.99 | 1.13 | 1.26 | 1.31 |
| $50d$ | 0.45 | 0.50 | 0.65 | 0.80 | 0.95 | 1.10 | 1.25 | 1.40 | 1.45 |

注1　末端のフックは，定着および重ね継手の長さに含まない。
　2　$d$ は，丸鋼では径，異形鉄筋では呼び名に用いた数値とする。
　3　直径の異なる鉄筋の重ね継手の長さは，細い方の $d$ による。
　4　特記のない限り D29 以上の異形鉄筋には，原則として重ね継手を設けてはならない。
　5　梁および小梁筋の定着のための中間折曲げにあっては，表中の定着長さにかかわらず，柱および梁の中心を超えてから折り曲げる。
　6　耐圧床板の下端筋の定着長さは，一般定着とする。

## 2.4.2 躯体各部分の数量積算

ここでは，躯体の各部分の数量の計測・計算方法を学び，実例建物に基づいて数量の算出までを行う。

### モデル建物　構造設計図面

#### 構造概要

| 構造概要 | | | |
|---|---|---|---|
| 構造種別 | 鉄筋コンクリート造（ラーメン構造） | 基礎・地業 | 独立フーチング・敷砂利地業 |
| 階　数 | 地上2階 | 鉄筋コンクリート工事 | JIS規格品を標準使用 |
| 主要用途 | 事務所 | | JASS 5*に準拠 |
| 屋上附帯建物 | なし | 型枠工事 | JAS**規格型枠用合板を使用 |
| | | | JASS 5*に準拠 |

\* 　JASS 5：日本建築学会編「建築工事標準仕様書・同解説 5 鉄筋コンクリート工事」
\*\* JAS 　：日本農林規格

#### 使用材料

| 使用材料 | | | | | | |
|---|---|---|---|---|---|---|
| コンクリート | | | | 鉄筋 | | |
| 適用場所 | 種類 | 設計基準強度 | スランプ | 種類 | 径 | 継手 |
| 捨てコンクリート | 普通 | Fc=18 N/mm² | 15 cm | SD295A | D10，D13 | 重ね継手 |
| 基礎・基礎梁 | 普通 | Fc=21 N/mm² | 15 cm | SD345 | D16，D19，D22 | 圧接継手 |
| 柱・梁・壁・床 | 普通 | Fc=21 N/mm² | 18 cm | | | |
| | | | | 梁貫通補強：工業製品（認定品）を使用 | | |
| コンクリートブロック（CB）：A種 | | | | | | |
| | | | | | | |

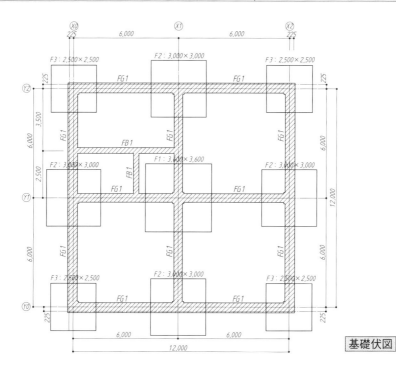

基礎伏図

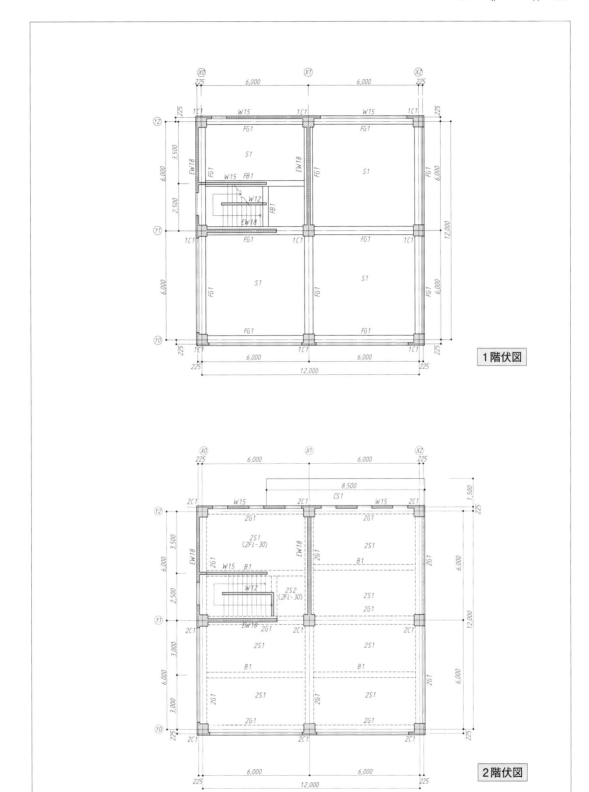

1階伏図

2階伏図

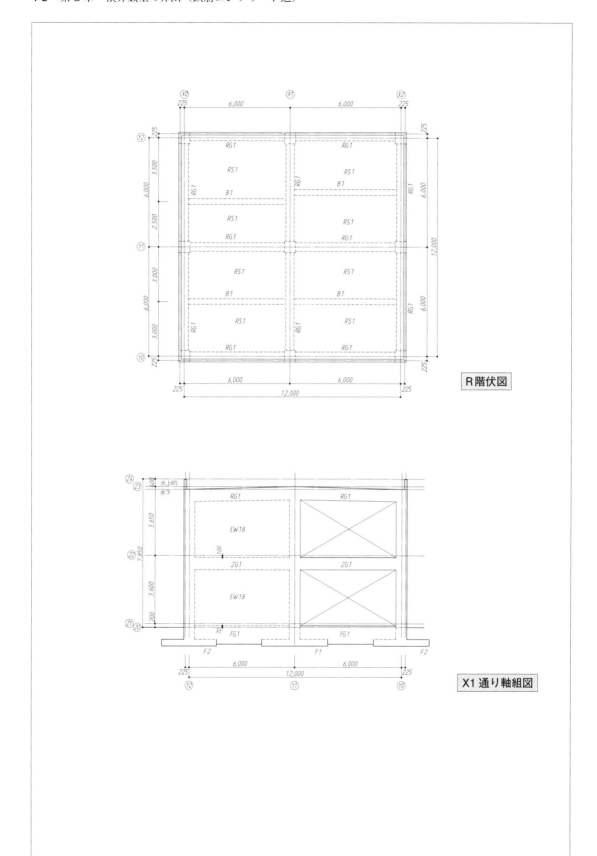

R階伏図

X1 通り軸組図

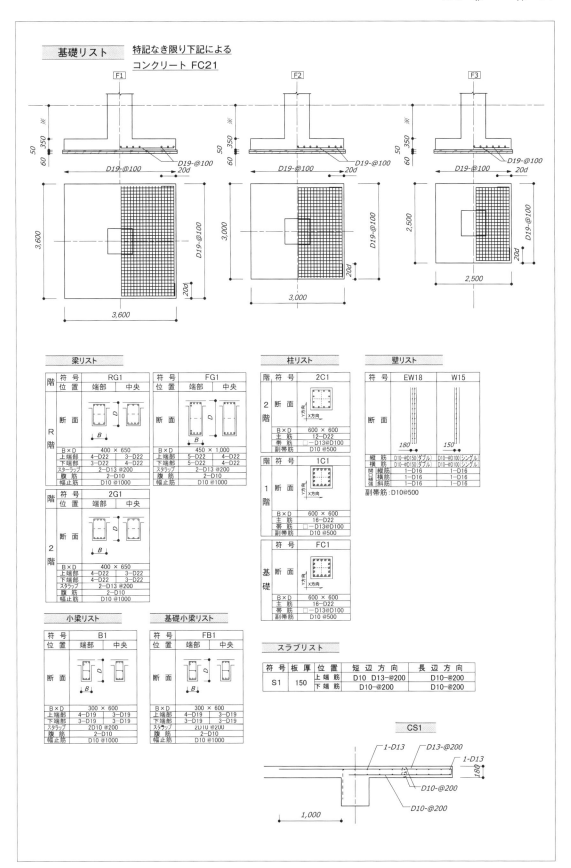

基礎リスト　特記なき限り下記による
コンクリート FC21

F1　F2　F3

D19-@100
20d

3,600　3,600　D19-@100　20d

3,000　3,000　D19-@100　20d

2,500　2,500　D19-@100　20d

土工
地業
躯体
仕上げ
設備
仮設

### 梁リスト

| 階 | 符　号 | RG1 | |
|---|---|---|---|
| | 位　置 | 端部 | 中央 |
| R階 | 断　面 | | |
| | B×D | 400 × 650 | |
| | 上端部 | 4－D22 | 3－D22 |
| | 下端部 | 3－D22 | 4－D22 |
| | スターラップ | 2－D13 @200 | |
| | 腹　筋 | 2－D10 | |
| | 幅止筋 | D10 @1000 | |

| 階 | 符　号 | FG1 | |
|---|---|---|---|
| | 位　置 | 端部 | 中央 |
| | 断　面 | | |
| | B×D | 450 × 1,000 | |
| | 上端部 | 5－D22 | 4－D22 |
| | 下端部 | 5－D22 | 4－D22 |
| | スターラップ | 2－D13 @200 | |
| | 腹　筋 | 2－D10 | |
| | 幅止筋 | D10 @1000 | |

| 階 | 符　号 | 2G1 | |
|---|---|---|---|
| | 位　置 | 端部 | 中央 |
| 2階 | 断　面 | | |
| | B×D | 400 × 650 | |
| | 上端部 | 4－D22 | 3－D22 |
| | 下端部 | 4－D22 | 3－D22 |
| | スターラップ | 2－D13 @200 | |
| | 腹　筋 | 2－D10 | |
| | 幅止筋 | D10 @1000 | |

### 柱リスト

| 階 | 符　号 | 2C1 |
|---|---|---|
| 2階 | 断　面 | |
| | B×D | 600 × 600 |
| | 主　筋 | 12－D22 |
| | 帯　筋 | □－D13@D100 |
| | 副帯筋 | D10 @500 |

| 階 | 符　号 | 1C1 |
|---|---|---|
| 1階 | 断　面 | |
| | B×D | 600 × 600 |
| | 主　筋 | 16－D22 |
| | 帯　筋 | □－D13@D100 |
| | 副帯筋 | D10 @500 |

| | 符　号 | FC1 |
|---|---|---|
| 基礎 | 断　面 | |
| | B×D | 600 × 600 |
| | 主　筋 | 16－D22 |
| | 帯　筋 | □－D13@D100 |
| | 副帯筋 | D10 @500 |

### 壁リスト

| 符　号 | EW18 | W15 |
|---|---|---|
| 断　面 | 180 | 150 |
| 縦　筋 | D10-@D150(ダブル) | D10-@D100(シングル) |
| 横　筋 | D10-@D150(ダブル) | D10-@D100(シングル) |
| 開口補強 縦筋 | 1-D16 | 1-D16 |
| 開口補強 横筋 | 1-D16 | 1-D16 |
| 開口補強 斜筋 | 1-D16 | 1-D16 |

副帯筋：D10@500

### 小梁リスト

| 符　号 | B1 | |
|---|---|---|
| 位　置 | 端部 | 中央 |
| 断　面 | | |
| B×D | 300 × 600 | |
| 上端部 | 4－D19 | 3－D19 |
| 下端部 | 3－D19 | 3－D19 |
| スターラップ | 2D10 @200 | |
| 腹　筋 | 2－D10 | |
| 幅止筋 | D10 @1000 | |

### 基礎小梁リスト

| 符　号 | FB1 | |
|---|---|---|
| 位　置 | 端部 | 中央 |
| 断　面 | | |
| B×D | 300 × 600 | |
| 上端部 | 4－D19 | 3－D19 |
| 下端部 | 3－D19 | 3－D19 |
| スターラップ | 2D10 @200 | |
| 腹　筋 | 2－D10 | |
| 幅止筋 | D10 @1000 | |

### スラブリスト

| 符　号 | 板厚 | 位　置 | 短辺方向 | 長辺方向 |
|---|---|---|---|---|
| S1 | 150 | 上端筋 | D10 D13-@200 | D10-@200 |
| | | 下端筋 | D10-@200 | D10-@200 |

CS1

1-D13　D13-@200
1-D13
180
D10-@200
D10-@200
1,000

## (1) 基　礎

### (a) 独立基礎

　独立基礎は，単独の柱の下部に設けられた独立した基礎であり，基礎底面から基礎柱との接続面までの部分をいう。

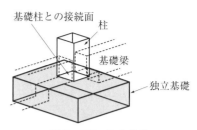

**図2・57**　独立基礎

### 1) コンクリート

・独立基礎のコンクリート数量は，設計寸法による体積で計算する（図2・58）。

> **独立基礎のコンクリート数量（m³）＝設計寸法による体積（m³）**

### 2) 型　枠

・ベース❶の型枠の数量は，その周長とベースの厚さによる面積とする（図2・59）。

> **基礎の型枠数量（m²）＝コンクリートのベース測面の面積（m²）**

### 3) 鉄　筋

・独立基礎のベース筋❷の長さは，基礎のコンクリートの設計寸法長さとし，設計図書で指定された場合はこれに必要なフックの長さを加え，鉄筋の径ごとに計算する（図2・60）。

> 独立基礎の鉄筋数量長さ（m）は，ベース筋の長さ＋フック長さ（m），そして斜め筋の長さ＋フック長さ（m）を，その径・形状ごとに算出する。
>
> （ただし，**はかま筋**❷および幅止筋などがある場合は，その長さ（m）を追加する。）

≪用語解説≫

❶　**ベース**とは，布基礎の一番下になるコンクリートのことである。ここが全荷重を地盤に伝えるので，適正な幅が必要である。

❷　独立基礎は，大きく分けて「ベース筋」と「はかま筋」とになる。

　**ベース筋**とは，基礎底面（ベース）に発生する引張力に抵抗するためにもち網状に組んで敷く鉄筋で，基礎の下側の配筋のことである。

　**はかま筋**とは，基礎のベース筋より上部の基礎をおおうように，カゴ状に配置した鉄筋のことである。

## ◆独立基礎◆

| | |
|---|---|
| 1) コンクリート体積（m³）<br>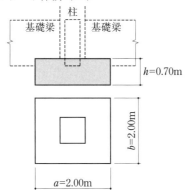<br>**図2・58** 独立基礎のコンクリート体積 | $V = a \times b \times h$<br>$= 2.00\,\text{m} \times 2.00\,\text{m} \times 0.70\,\text{m} = 2.80\,\text{m}^3$ |
| 2) 型枠面積（m²）<br>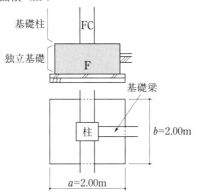<br>**図2・59** 独立基礎の型枠面積 | $A = 2 \times (a+b) \times h$<br>$= 2 \times (2.00\,\text{m} + 2.00\,\text{m}) \times 0.70\,\text{m}$<br>$= 5.60\,\text{m}^2$ |
| 3) 鉄筋の長さ（m）<br>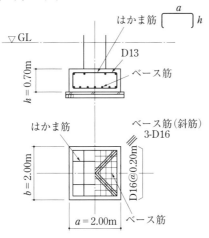<br>**図2・60** 独立基礎の鉄筋の長さ | ○ベース筋の長さ（D16）<br>$a = 2.00\,\text{m}$（1本当たり）<br>割付本数@0.20 m<br>本数 $= a \div 0.20\,\text{m} = 2.00\,\text{m} \div 0.20\,\text{m}$<br>$= 10 ⇨ 10\,\text{本} + 1\,\text{本} = 11\,\text{本}$<br>したがって，ベース筋数量 $= a \times$ 本数 $\times 2$（$ab$両辺）<br>$= 2.00\,\text{m} \times 11\,\text{本} \times 2 = 44.00\,\text{m}$<br><br>○ベース斜筋の長さ（D16）<br>$\ell_1 = \sqrt{2} \times a = 2.83\,\text{m}$（1本当たり）<br>本数は3本ずつ，対角線上に2箇所<br>ベース斜筋数量 $= \ell_1 \times$ 本数 $\times 2$<br>$= 2.83\,\text{m} \times 3\,\text{本} \times 2 = 16.98\,\text{m}$<br><br>○はかま筋の長さ（D13）<br>$\ell_2 = a + 2 \times h = 2.00\,\text{m} + 2 \times 0.70\,\text{m} = 3.40\,\text{m}$<br>本数は4本ずつ両辺にある<br>はかま筋の全長 $= 3.40\,\text{m} \times 4\,\text{本} \times 2 = 27.20\,\text{m}$ |

　RC造建物事例に基づき，躯体の基礎部分の数量の算出を行う。

---

**例題 1** 　**基礎躯体数量の算出（独立基礎）**

独立基礎（F1）のコンクリート・型枠・鉄筋数量を計測する。

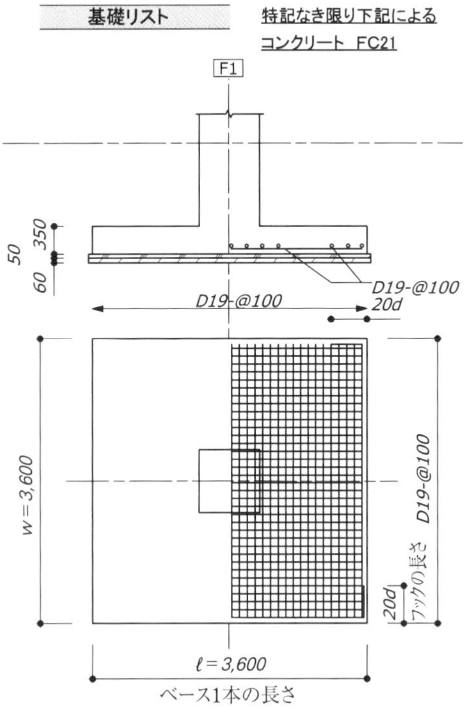

| 基礎リスト | 特記なき限り下記による |
| --- | --- |
| | コンクリート　FC21 |

●独立基礎（F1）コンクリートベース
・長さ（$\ell$）　＝　3.60 m
・幅　（$w$）　＝　3.60 m
・高さ（$h$）　＝　0.35 m

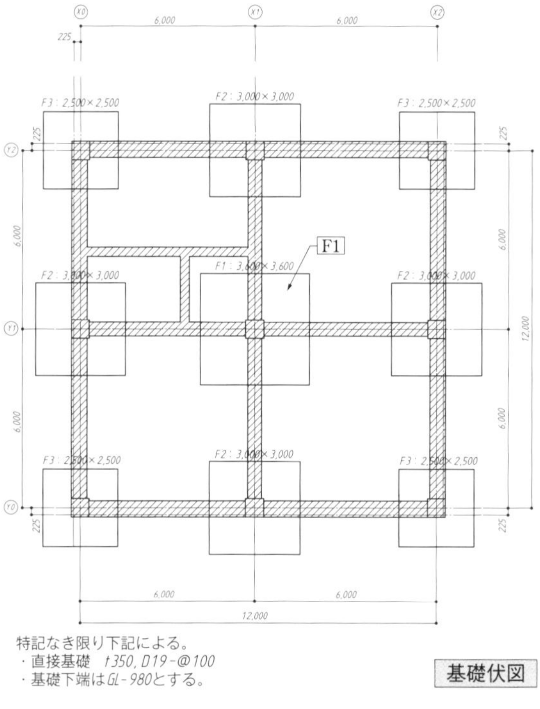

D19-@100
D19-@100
20d
$w = 3,600$
D19-@100
20d
フックの長さ
$\ell = 3,600$
ベース1本の長さ

F1

F3：2,500×2,500　　F2：3,000×3,000　　F3：2,500×2,500

F2：3,000×3,000　　F1：3,600×3,600　　F2：3,000×3,000

F3：2,500×2,500　　F2：3,000×3,000　　F3：2,500×2,500

特記なき限り下記による。
・直接基礎　t350, D19-@100
・基礎下端はGL-980とする。

基礎伏図

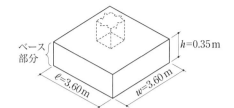

**図2・61** 独立基礎各部の寸法

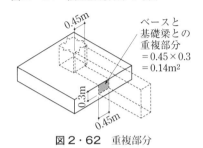

**図2・62** 重複部分

### 計測のポイント

① 独立基礎（F1）は，フーチングがないため，ベースのみ計測する。

② ベースの高さ（$h$）は，基礎底面からベースの上面（基礎柱の底面）までの高さをいう。

③ ベースと基礎梁の接合部分の面積が $1\,\mathrm{m}^2$ 以下の場合は，型枠面積を差し引かない。

④ ベース筋の長さは，基礎のコンクリートの設計寸法に必要なフックを加える。

## 【例題1　独立基礎（F1）の躯体数量】

　下記の積算用紙は，各部材ごとにコンクリート，型枠，鉄筋の工事数量の拾い出し，計算集計作業を同一紙面で作成できるように考案されている。また，各数量算出の計測や計算の根拠が見えるので確認も行いやすい。

（1）独立基礎　　　　　　躯体の積算

| 名　称 | コ　ン　ク　リ　ー　ト | | | | | 型　　枠 | | | | 鉄　　筋 | | | | | |
|---|---|---|---|---|---|---|---|---|---|---|---|---|---|---|---|
| | 寸　　　法 | | | か所 | 体積 | 寸　　法 | | か所 | 面積 | 形状 | 径 | 長さ | 本数 | か所 | D19 |
| （独立基礎） | ($\ell$) | ($w$) | ($h$) | | | ($\ell+w$)×2 | ($h$) | | | | | | | | |
| F1 | 3.60 | 3.60 | 0.35 | 1 | 4.54 | 14.40 | 0.35 | 1 | 5.04 | ベース筋 | D19 | 4.36 | 37×2 | 1 | 322.64 |

・コンクリート（基礎ベース）
$\begin{cases} \text{・長さ}(\ell)=3.60\,\mathrm{m} \\ \text{・幅}(w)=3.60\,\mathrm{m} \\ \text{・高さ}(h)=0.35\,\mathrm{m} \end{cases}$

体積 $=\ell\times w\times h$
　　　$=3.60\times3.60\times0.35$

・型枠（基礎ベース）
$\begin{cases} \text{・長さ}(\ell)=3.60\,\mathrm{m} \\ \text{・幅}(w)=3.60\,\mathrm{m} \end{cases}$

面積 $=\{(\ell+w)\times2\}\times h$
　　　$=\{(3.60+3.60)\times2\}\times0.35$
　　　　長さ　幅　両面　高さ

・鉄筋（基礎ベース）
・ベース筋の長さ $=\ell+20\mathrm{d}\times2（両端）=3.60+0.38\times2=4.36$
・ベース筋の幅 $=w+20\mathrm{d}\times2（両端）=3.60+0.38\times2=4.36$
　　（※端部のフック長さ＝径19mmで20dと図示がある。したがって，$20\times0.019=0.38$）
・割付本数@0.10m
　　長さ$(\ell)\div0.10=3.60\,\mathrm{m}\div0.10\,\mathrm{m}=36.00\cdots36$本→$36+1=37$本
　　幅$(w)$も同様に37本

| 小　計 | | | | | 4.54 | | | | 5.04 | | | | | | 322.64 |

　上記より，独立基礎（F1）1箇所の躯体数量は以下のとおりである。

・コンクリート数量：$4.54\,\mathrm{m}^3$

・型枠数量　　　　：$5.04\,\mathrm{m}^2$

・鉄筋数量（D19）：322.64 m

## (b)　基礎柱

・積算基準では，1階基礎柱のうち基礎上面から基礎梁の上面までを基礎柱といい，階別集計では基礎部に集計する。

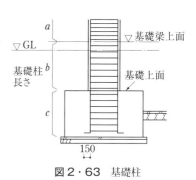

図2・63　基礎柱

・基礎柱のリストは，構造図にはなく，基礎柱の箇所数は1階基礎柱と同じとなる。

### 1）　コンクリート

・基礎柱のコンクリート数量は，基礎柱断面と基礎柱の長さによる体積（m³）で算出する。

> **基礎柱のコンクリート数量（m³）＝基礎柱の断面積（m²）×長さ（m）**
>
> （基礎柱の長さは，図2・63の b 部分の長さになる。）

### 2）　型枠

・基礎柱の型枠数量は，基礎柱の側面，つまり4辺の周長と基礎柱長さによる面積（m²）とする（ただし，基礎梁，壁との接合部については小口の面積が1箇所当たり1 m²以下の場合は，接合部の型枠面積を差し引かない）。

> **基礎柱の型枠数量（m²）＝基礎柱の周長（m）×長さ（m）**

### 3）　鉄筋

・基礎柱の鉄筋長さは，主筋長さ，帯筋長さ，そして幅止筋の長さ（m）で，鉄筋の径ごとに算出する。

> 基礎柱の鉄筋長さ（m）は，形状ごと，ならびに径ごとに算出。（主筋長さ（m），帯筋長さ（m），幅止筋の長さ（m））
>
> **つまり，基礎柱別に形状（主筋・帯筋・幅止筋）ごとに，かつ径ごとに算出**

① 　主筋の長さ

・主筋の長さは，基礎柱の長さに定着長さおよび余長を加えたものとする。

　基礎柱脚の配筋は，基礎上端より定着をとり，これに0.15 m以上の折り曲げ余長を加えたものとする。つまり，図2・63の b 部分と c 部分の長さに150 mmを加えた長さとなる。（※特に，この基礎柱の主筋を計測する場合，c 部分の長さを加算することに注意する。）

② 　主筋の継手

・基礎柱の主筋の継手は，鉄筋の長さが3.0 m以上ごとに1箇所計上する。

③ 　帯筋の長さ

・帯筋（フープ）の長さは，基礎柱の断面周長とし，フックは考慮しない。

　また，その間隔は，一般部分（a 部分）の1.5倍になる。つまり，一般部分の帯筋の間隔が100 mmの場合，仕口部（b，c 部）の間隔は150 mmになる。これは，仕口部はせん断剛性が高いことと，梁の主筋が定着されるために，間隔を大きくしている。

④ 　幅止筋の長さ

・幅止筋の長さは，設計図書を参考にしながらその柱の対応する辺の長さと同じとする。

### ◆基礎柱◆

| | |
|---|---|
| 1) コンクリート体積（m³）<br>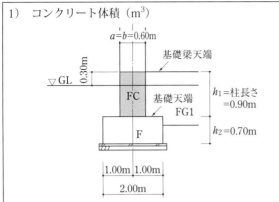<br>**図2・64 基礎柱のコンクリート体積** | 柱長さ（$h_1$）は，基礎天端から基礎梁天端まで<br>$h_1 = 0.90$ m<br>$V = a \times b \times h_1 = 0.60$ m $\times 0.60$ m $\times 0.90$ m<br>$= 0.324$ m³ $\fallingdotseq 0.32$ m³ |
| 2) 型枠面積（m²）<br>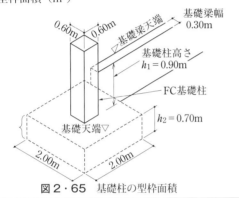<br>**図2・65 基礎柱の型枠面積** | $A = (a + b) \times 2 \times h_1$<br>$= (0.60$ m $+ 0.60$ m$) \times 2 \times 0.90$ m<br>$= 2.16$ m²<br>※基礎梁との接合部面積<br>　（0.30 m $\times$ 0.90 m $= 0.27$ m²）<br>　1 m² 以下なので，型枠面積の控除なし |
| 3) 鉄筋の長さ（m）<br>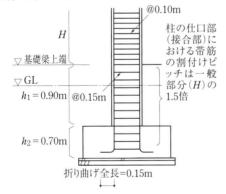<br>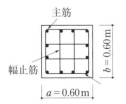<br>**図2・66 基礎柱の鉄筋長さ** | ○主筋長さ（D22）<br>$\ell = $ 基礎柱の長さ$(h_1) + $フーチングの高さ$(h_2)$<br>　　$+ $折り曲げ余長（0.15 m）<br>　$= 0.90$ m $+ 0.70$ m $+ 0.15$ m<br>　$= 1.75$ m（1 本）<br>本数は 12 本<br>1.75 m $\times$ 12 本 $= 21.00$ m<br>（※主筋の長さが 3.0 m 未満なので継手はない）<br><br>○帯筋長さ（D13）<br>柱の周長 $= (a + b) \times 2 = (0.60$ m $+ 0.60$ m$) \times 2 = 2.4$ m<br>帯筋の仕口部の間隔は，一般部分（@100）の 1.5 倍<br>となる。<br>割付本数 $= $ 基礎柱長さ $\div 0.15$ m<br>　　　　　　$(h_1 + h_2)$<br>　　　　$= 1.60$ m $\div 0.15$ m $= 10.7$ m<br>　　　　$\Rightarrow 11$ 本 $+ 1$ 本 $= 12$ 本<br>2.40 m $\times$ 12 本 $= 28.80$ m |

図2・66内の表：

| 主 筋 | 12-D22 |
|---|---|
| 帯 筋 □ | D13@100 |
| 幅止筋 | D10@500（仕口部はなし） |

**例題2**　基礎躯体数量の算出（基礎柱）

基礎柱（FC1）のコンクリート，型枠，鉄筋の数量を計測・計算する。

柱リスト

| | 符　号 | FC1 |
|---|---|---|
| 基礎 | 断　面 | Y方向 X方向 |
| | B×D | 600×600 |
| | 主　筋 | 16-D22 |
| | フープ | □-D13@100 |
| | 副帯筋 | D10 @500 |

※副帯筋は一般部のみ（仕口部含まず）

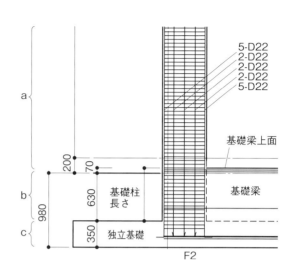

5-D22
2-D22
2-D22
2-D22
5-D22

基礎梁上面

基礎梁

200　70

a

980　630　基礎柱長さ

b

350　独立基礎

c

F2

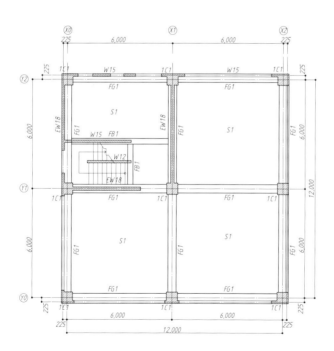

1階伏図

---

### 計測のポイント

① 基礎柱（FC1）の長さは，基礎ベース上面から基礎梁上面までの長さをいう。

② 基礎柱と基礎梁の接合部分の面積が 1 m² 以下の場合には，型枠面積を差し引かない。

③ 主筋の長さは，'基礎柱長さ'と'独立基礎高さ'との合計に 150 mm を加えたものとする。

## 【例題2　基礎柱の躯体数量】

(2) 基礎柱　　　　　　　　躯体の積算

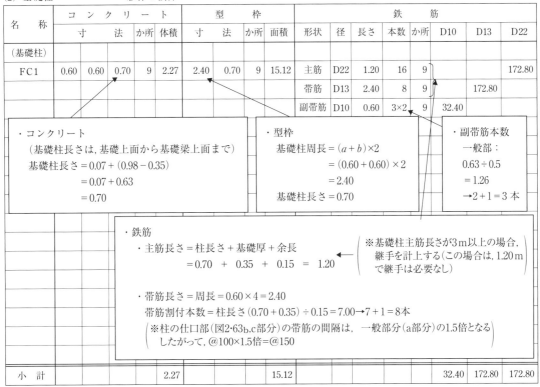

| 名　称 | コンクリート | | | | 型　枠 | | | | 鉄　筋 | | | | | | | |
|---|---|---|---|---|---|---|---|---|---|---|---|---|---|---|---|---|
| | 寸　法 | | | か所 | 体積 | 寸　法 | | か所 | 面積 | 形状 | 径 | 長さ | 本数 | か所 | D10 | D13 | D22 |
| （基礎柱） | | | | | | | | | | | | | | | | | |
| FC1 | 0.60 | 0.60 | 0.70 | 9 | 2.27 | 2.40 | 0.70 | 9 | 15.12 | 主筋 | D22 | 1.20 | 16 | 9 | | | 172.80 |
| | | | | | | | | | | 帯筋 | D13 | 2.40 | 8 | 9 | | 172.80 | |
| | | | | | | | | | | 副帯筋 | D10 | 0.60 | 3×2 | 9 | 32.40 | | |
| 小　計 | | | | | 2.27 | | | | 15.12 | | | | | | 32.40 | 172.80 | 172.80 |

・コンクリート
　（基礎柱長さは，基礎上面から基礎梁上面まで）
　基礎柱長さ = 0.07 + (0.98 − 0.35)
　　　　　　 = 0.07 + 0.63
　　　　　　 = 0.70

・型枠
　基礎柱周長 = (a+b)×2
　　　　　　 = (0.60 + 0.60) × 2
　　　　　　 = 2.40
　基礎柱長さ 0.70

・副帯筋本数
　一般部：
　0.63 ÷ 0.5
　= 1.26
　→2 + 1 = 3 本

・鉄筋
　・主筋長さ = 柱長さ + 基礎厚 + 余長
　　　　　　 = 0.70 ＋ 0.35 ＋ 0.15 ＝ 1.20

※基礎柱主筋長さが3m以上の場合，
　継手を計上する（この場合は，1.20 m
　で継手は必要なし）

　・帯筋長さ = 周長 = 0.60 × 4 = 2.40
　　帯筋割付本数 = 柱長さ(0.70 + 0.35) ÷ 0.15 = 7.00→7 + 1 = 8本
　（※柱の仕口部（図2·63b,c部分）の帯筋の間隔は，一般部分（a部分）の1.5倍となる
　　したがって，@100×1.5倍=@150）

上記から，基礎柱（FC1）の躯体数量は以下のとおりである。

・コンクリート数量：2.27 m³

・型枠数量　　　　：15.12 m²

・鉄筋数量（D10）＝32.40 m

　　　　　　（D13）＝172.80 m

　　　　　　（D22）＝172.80 m

　　　　　　（※鉄筋は径ごとに計上すること！）

## （C）　基礎梁

　基礎梁とは，独立基礎，基礎梁間または柱間などの各柱下の基礎を
つなぐ横架材の内法部分である。

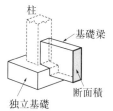

図2・67　基礎梁

### 1）　コンクリート

・基礎梁のコンクリート数量は，梁の断面積と梁の内法長さによる体
　積とする。

・図2・68のように基礎梁端部とフーチングとの重複部分がある場合は，その部分の体積を
　差し引く必要がある。

> 　基礎梁コンクリート数量（m³）＝梁の断面積（m²）×梁の内法長さ（m）－重複部分（m³）

### 2）　型枠

・基礎梁の型枠数量は，コンクリートの側面，つまり梁せいと梁の内法長さによる面積とする。
　（基礎梁の型枠は，均しコンクリートの上に建て込むので，両側の側面のみを計測の対象と
　し，底面は計測しない。）

・図2・70のように基礎梁端部と基礎との重複部分がある場合は，その部分の面積を差し引
　く。ただし，基礎大梁と基礎小梁との接続部の面積が1m²以下／1箇所当たりの場合は，
　接合部の型枠面積を差し引かない。

> 　基礎梁の型枠数量（m²）＝（梁せい（m）×梁の内法長さ（m）－重複部分（m²））×2

## ◆基礎梁◆

**1) コンクリート体積（m³）**

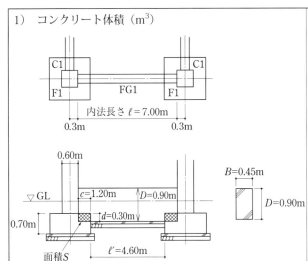

**図2・68 基礎梁のコンクリート体積**

・基礎梁各部の寸法

$\left\{\begin{array}{l} \text{梁幅（}B\text{）} \quad : 0.45 \text{ m} \\ \text{梁せい（}D\text{）} \quad : 0.90 \text{ m} \\ \text{内法長さ（}\ell\text{）}: 7.00 \text{ m} \end{array}\right.$

・重複部分の寸法（左右とも）

$\left\{\begin{array}{l} \text{梁幅（}B\text{）}: 0.45 \text{ m} \\ \text{高さ（}d\text{）}: 0.30 \text{ m} \\ \text{長さ（}c\text{）}: 1.20 \text{ m} \end{array}\right.$

したがって，基礎梁のコンクリート体積の計算は以下のようになる。

$V = B \times D \times \ell - S \times B(\text{重複部分左}) - S \times B(\text{重複部分右})$

$= 0.45 \text{ m} \times 0.90 \text{ m} \times 7.00 \text{ m}$

$\quad -(1.20 \text{ m} \times 0.30 \text{ m} \times 0.45 \text{ m} + 1.20 \text{ m} \times 0.30 \text{ m}$

$\quad \times 0.45 \text{ m})$

$= 2.84 \text{ m}^3 - 0.32 \text{ m}^3$

$= 2.52 \text{ m}^3$

**2) 型枠面積（m²）**

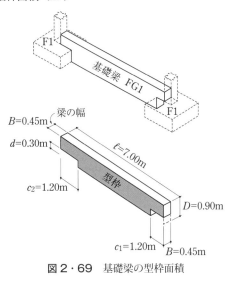

**図2・69 基礎梁の型枠面積**

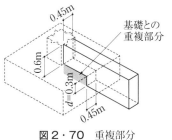

**図2・70 重複部分**

$A = 2 \times D \times \ell - 2 \times S(\text{重複部分左}) - 2 \times S(\text{重複部分右})$

$= 2 \times 0.90 \text{ m} \times 7.00 \text{ m} - (2 \times 1.20 \text{ m} \times 0.30 \text{ m}) \times 2$

$= 12.60 \text{ m}^2 - 1.44 \text{ m}^2 = 11.16 \text{ m}^2$

※基礎梁端部と基礎ベースとの重複部分がある場合は，これを基礎梁の型枠面積から差し引く。

3） 鉄筋

①主筋の長さ

・基礎梁の主筋の長さは，基礎梁の内法長さに定着長さや継手長さを加えたものとする。ただし，同一の径の主筋が柱または基礎梁を通して連続する場合は，定着長さにかえて接続する部材（柱または梁）の幅の1／2を加えるものとし，異なる径の主筋が連続する場合は，それぞれ定着をとるものとする。

②主筋の継手

・連続する基礎梁の全長にわたる主筋の継手は，基礎梁の長さが5.0 m 未満は0.5 箇所，5.0 m 以上10.0 m 未満は1箇所，10.0 m 以上は2箇所あるものとする。

ただし，単独基礎梁および片持基礎梁の主筋の継手については，径13 mm 以下の鉄筋は6.0 m ごとに，径16 mm 以上の鉄筋は7.0 m ごとに，1箇所あるものとする。

・スタラップの長さ・本数は，各基礎梁の断面の設計寸法による周長を鉄筋の長さとし，フックはないものとする。

・幅止筋の長さは，基礎梁の設計幅または厚さとし，フックはないものとする。

> 基礎梁の鉄筋数量長さ（m）は，形状別（上端主筋長さ（m）・下端主筋長さ（m）・腹筋長さ（m）・スタラップ長さ（m）・幅止筋の長さ（m））かつ径ごとに算出する。

3) 鉄筋の長さ（m）

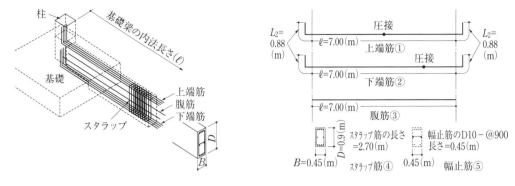

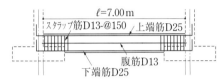

**図2・71** 基礎梁の鉄筋長さ

　基礎梁（FG）各部の寸法は，図2・71から，基礎梁幅($B$)＝0.45 m，基礎梁せい($D$)＝0.90 m，そして内法長さ($\ell$)＝7.00 m である。

○定着の場合（単独梁：主筋両端定着）

1) 　上端主筋（D25）の長さ＝内法長さ($\ell$)＋定着長さ(35 d)×2（両端部）

$$＝7.00 \text{ m}＋0.88 \text{ m}×2＝8.76 \text{ m}$$

・上端主筋の本数は，4 本なので数量は 8.76 m×4 本＝35.04 m

・この場合，主筋両端定着なので，鉄筋 1 本の長さ＝8.76 m＞7.00 m となり，
　圧接継手は各主筋に 1 箇所ある。したがって，継手箇所は 4 箇所

2) 　下端主筋（D25）の長さ＝上記の上端主筋と同様に，7.00 m＋0.88 m×2＝8.76 m

・下端主筋の本数も，4 本なので数量は 8.76 m×4 本＝35.04 m

・圧接継手箇所も同様に 4 箇所

3) 　腹筋（D13）の長さは，その梁の内法長さ($\ell$)7.00 m＋余長長さ 0.03 m×2(両端部)

・腹筋の本数は，2 本⇒数量は ｛7.00 m ＋ （0.03 m×2 )｝×2＝14.12 m

4) 　スタラップ筋（D13）の長さ＝基礎梁断面の周長＝(0.45 m＋0.90 m)×2＝2.70 m，間隔は 0.15 m

割付け寸法は，$\ell$／0.15 m＋1 本＝7.00 m／0.15 m＋1 本＝46.67＋1 本⇒47 本＋1 本＝48 本

基礎梁 1 箇所のスタラップ（あばら）筋の総数量＝2.70 m×48 本＝129.60 m

5) 　幅止筋の長さ＝梁幅($b$)＝0.45 m

割付け寸法は，$\ell$／0.90 m＋1 本＝7.00 m／0.90 m＋1 本＝7.78＋1 本⇒8 本＋1 本＝9 本

基礎梁 1 箇所の幅止筋の総数量＝0.45 m×9 本＝4.05 m

**表2・18** 基礎梁の鉄筋数量計算書

| 名称 | 形状 | 径 | 単長 (m) | 本数 | 箇所 | 延べ長さ（m） | | | | | | 圧接 | | 備考 |
| | | | | | | D10 | D13 | D16 | D19 | D22 | D25 | 径 | 箇所 | |
|---|---|---|---|---|---|---|---|---|---|---|---|---|---|---|
| FG | 上端筋 | D25 | 8.76 | 4 | 1 | | | | | | 35.04 | D25 | 4 | 7.00＋(0.88×2)＝8.76 |
| | 下端筋 | D25 | 8.76 | 4 | 1 | | | | | | 35.04 | D25 | 4 | 7.00＋(0.88×2)＝8.76 |
| | 腹筋 | D13 | 7.06 | 2 | 1 | | 14.12 | | | | | | | 7.00＋(0.03×2)＝7.06 |
| | スタラップ筋 | D13 | 2.70 | 48 | 1 | | 129.60 | | | | | | | (0.45＋0.90)×2＝2.70 |
| | 幅止筋 | D10 | 0.45 | 9 | 1 | 4.05 | | | | | | | | |
| 計 | | | | | | 4.05 | 143.72 | | | | 70.08 | | | |

例題 3 **基礎躯体数量の算出（基礎梁）**

基礎梁（FG1）①部分のコンクリート・型枠・鉄筋数量を計測する。

梁リスト

| 符 号 | FG1 | |
|---|---|---|
| 位 置 | 端部 | 中央 |
| 断 面 | 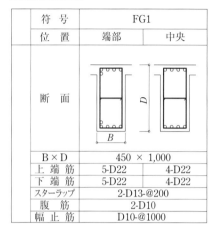 | |
| B×D | 450 × 1,000 | |
| 上 端 筋 | 5-D22 | 4-D22 |
| 下 端 筋 | 5-D22 | 4-D22 |
| スターラップ | 2-D13-@200 | |
| 腹 筋 | 2-D10 | |
| 幅 止 筋 | D10-@1000 | |

●基礎梁（FG1）

・幅　　　（$B$）　=　0.45 m

・梁せい　（$D$）　=　1.00 m

・内法長さ（$\ell$）　=　5.40 m（①部分）

（独立基礎）
F1：3,600×3,600×350
F2：3,000×3,000×350
（基礎柱）
FG1：600×600

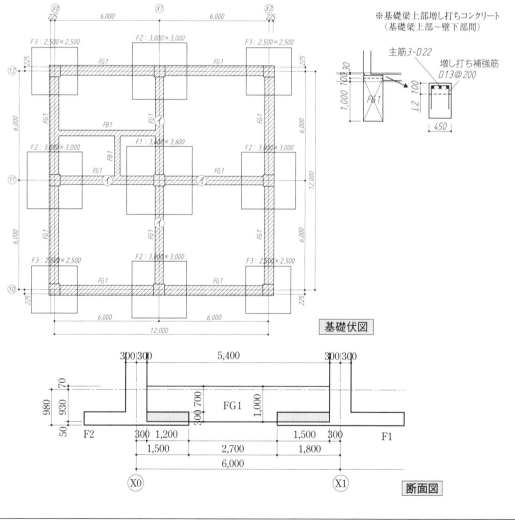

基礎伏図

断面図

計測のポイント

① 基礎梁（FG1）⑦部分の長さは，基礎柱（F1C1～F2C1）外面間の長さをいう。

② 基礎梁と基礎ベースとの重複部分は，コンクリート，型枠ともに差し引く。

③ 型枠は，基礎梁の両側面のみを計測する（梁底面は地業とする）。

④ 鉄筋の計測寸法は，一般階の梁と同様とする。

## 【例題3　基礎梁の躯体数量】

（3）基礎梁　　　　　　　　躯体の積算

| 名　称 | コンクリート | | | | 型　枠 | | | | 鉄　筋 | | | | | | | |
|---|---|---|---|---|---|---|---|---|---|---|---|---|---|---|---|---|
| | 寸　　法 | | | か所 | 体積 | 寸　法 | | か所 | 面積 | 形状 | 径 | 長さ | 本数 | か所 | D10 | D13 | D22 |
| （基礎梁） | | | | | | | | | | | | | | | | | |
| FG1 | 0.45 | 1.00 | 5.40 | 4 | 9.72 | 2.00 | 5.40 | 4 | 43.2 | 上端通し筋 | D22 | 6.47 | 4 | 4 | | | 103.52 |
| （⑦部分） | コンクリート | | | | | 型枠 | | | | 鉄筋主筋長さ＝梁長さ＋定着(35d)＋貫通柱/2＝5.40＋0.77＋0.30＝6.47 | | | | | | | |
| | 基礎梁長さ＝柱の内法長さ 6.00－0.30－0.30＝5.40 | | | | | 基礎梁高さ＝1.00×2(両面) 基礎梁長さ＝5.40 | | | | 外端部上端筋 | D22 | 2.45 | 1 | 4 | | | 9.80 |
| | | | | | | | | | | 長さ＝梁長さ/4＋定着(35d)＋余長＝5.40/4＋0.77＋0.33＝2.45 | | | | | | | |
| | | | | | | | | | | 内端部上端筋 | D22 | 1.98 | | | | | 7.92 |
| | | | | | | | | | | 長さ＝梁内法長さ/4＋柱/2＋余長(15d)＝5.40/4＋0.60/2＋0.33＝1.98 | | | | | | | |
| F1端部取合 | ▲0.45 | 0.30 | 1.50 | 4 | ▲0.81 | ▲0.60 | 1.50 | 4 | ▲3.60 | 下筋通し筋 | D22 | 6.47 | 4 | 4 | | | 103.52 |
| | 取合部分の高さ＝梁せい－（梁上面～基礎上面）＝1.00－(0.07＋0.98－0.35)＝1.00－0.70＝0.30 | | | | | 取合高さ＝0.30×2(両面)＝0.60 取合長さ＝1.50 | | | | 長さ＝梁長さ/4＋定着(35d)＋余長＝5.40/4＋0.77＋0.33＝2.45 | | | | | | | |
| | | | | | | | | | | 外端部下端筋 | D22 | 2.45 | 1 | 4 | | | 9.80 |
| | 取合部分の長さ＝3.60/2－0.6/2＝1.80－0.30＝1.50 | | | | | | | | | 内端部下端筋 | D22 | 1.98 | | | | | 7.92 |
| | | | | | | | | | | 長さ＝梁内法長さ/4＋貫通柱/2＋余長(15d)＝5.40/4＋0.60/2＋0.33＝1.98 | | | | | | | |
| | | | | | | | | | | 腹筋長さ＝梁の内法長さ5.40＋余長長さ0.03×2(両端部)＝5.40＋0.06＝5.46 | | | | | | | |
| | | | | | | | | | | 腹筋 | D10 | 5.46 | 2 | 4 | 43.68 | | |
| F2取合 | ▲0.45 | 0.30 | 1.20 | 4 | ▲0.65 | ▲0.60 | 1.20 | 4 | ▲2.88 | 本数@0.20であるので，5.40÷0.20＝27→27＋1＝28本 | | | | | | | |
| | 取合部分高さ＝F1と同様＝0.30 取合部分長さ＝3.00/2－0.30＝1.50－0.30＝1.20 | | | | | 取合部分高さ＝F1と同様0.60 取合部分長さ＝1.20 | | | | スターラップ | D13 | 2.90 | 28 | 4 | | 324.80 | |
| | | | | | | | | | | スターラップ長さ＝基礎梁(FG1)の周長＝(0.45＋1.00)×2＝2.90 | | | | | | | |
| | | | | | | | | | | 幅止筋 | D10 | 0.45 | 7 | 4 | 12.60 | | |
| 増し打ち部分 | 0.45 | 0.1 | 5.4 | 4 | 0.97 | 0.2 | 5.4 | 4 | 4.32 | 主筋 | D22 | 6.47 | 3 | 4 | | | 77.64 |
| | | | | | | 幅止筋長さ＝梁幅＝0.45 割付本数＝5.40÷1.00＝5.40→6＋1＝7本 | | | | 補強筋 | D13 | 1.57 | 28 | 4 | | 175.84 | |
| 小　計 | | | | | 9.23 | | | | 41.04 | | | | | | 56.28 | 500.64 | 320.12 |

補強筋長さ＝梁幅＋（増し打ち厚さ＋定着(35d)）×2＝0.45＋(0.1＋0.46)×2＝1.57 本数@0.20であるので，5.40÷0.20＝27→27＋1－28

上記から基礎梁（FG1）⑦部分4箇所分の躯体の数量は

以下のとおりである。

・コンクリート数量＝9.23 m³

・型枠数量　　　　＝41.04 m²

・鉄筋数量（D10）＝56.28 m

　　　　　（D13）＝500.64 m

　　　　　（D22）＝320.12 m

## (2)　柱

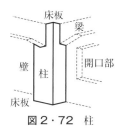

**図2・72　柱**

柱とは，屋根や梁などの建物の上部構造を支える断面が正方形（あるいは長方形，または円形）などの鉛直部材である。

### (a)　コンクリート

・柱のコンクリート数量は，各階別に，柱断面と柱長さによる体積で算出する。

　各階の柱長さは，梁の天端から上階梁の天端までの長さを求める。図2・73には各階の梁天端とFLを示している。FLは，フロアラインの略で，床仕上がりレベルを示す。階高は，FLからFLまでの高さを指すが，各階の柱長さは，梁天端から梁天端までの寸法をいう。したがって，階高から梁天端までの寸法を増減する必要がある。

> **柱のコンクリート数量（m³）＝柱の断面積（m²）×柱長さ（m）**

### (b)　型枠

・柱の型枠数量は，柱の側面，つまり4辺の周長と柱長さによる面積とする。

　ただし，壁あるいは壁との接合部については，その小口部分の面積が1m²以下／1箇所当たりの場合は，接合部の型枠面積を差し引かない。

> **柱の型枠数量（m²）＝柱の周長（m）×柱長さ（m）**

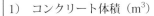
◆柱◆

1) コンクリート体積 (m³)

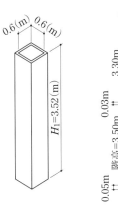
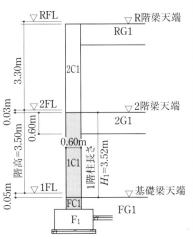
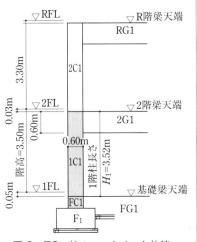

図2・73 柱のコンクリート体積

1階柱 (1C1) 長さ
$H_1$＝階高－2G1 天端レベル＋FG1 天端レベル
　＝3.50 m－0.03 m＋0.05 m
　＝3.52 m

○ 1階柱 (1C1)
$V_1＝abH_1$
　＝0.60 m×0.60 m×3.52 m
　＝1.267 m³≒1.27 m³

図2・74 階高

2) 型枠面積 (m²)

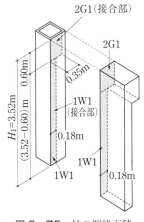

図2・75 柱の型枠面積

○ 1階柱 (1C1)
$A＝2(a+b)H_1$
　＝2×(0.60 m＋0.60 m)×3.52 m
　＝8.448 m²≒8.45 m²

○接合部の面積
　2G1：0.35 m×0.60 m＝0.21 m²＜1.0 m²
　1W1：0.18 m×(3.52 m－0.60 m)
　　　　＝0.53 m²＜1.0 m²

（※梁および壁との接合部の面積はそれぞれ）
（1.0 m²以下なので，型枠面積は差し引かない。）

したがって，1階柱 (1C1) の型枠面積は 8.45 m²

土工
地業
躯体
仕上げ
設備
仮設

## （c）　鉄筋

・柱の鉄筋には，図2・77のような主筋・帯筋・副帯筋などがあり，その径・形状ごとに計測・計算し，階別に集計する。

### 1）　柱の主筋の長さ

・柱の主筋の長さは，柱の長さに，定着長さや継手・フック・余長などの長さを加えたものとする。

・柱の主筋を計測する場合，計測している階から始まる主筋の長さは，柱の長さに，直下階（最下階の場合は基礎）に定着する長さを加える。

・計測階で終わる鉄筋は，直上階への定着を加える。

・計測階の途中で終わる鉄筋や，または途中で始まる主筋の長さは，図面によって計測し，柱断面図に示された階に属するものとする。

・フックは，出隅の主筋および最頂部に設ける必要があり，その長さを加算する。（図2・78，p.89）

### 2）　柱主筋の継手

・階の全長にわたる柱主筋については，各階ごとに1箇所の継手があるものとする。

・また，主筋の長さが7.0m以上のときは，7.0mごとに1箇所の継手を加える。

### 3）　帯筋の長さ

・帯筋の長さは，その柱の断面の周長とし，フックは考えない。

### 4）　副帯筋の長さ

・副帯筋の長さは，設計図書を参考にしながらその柱の対応する辺の長さと同じとする。

柱の鉄筋数量長さ（m）は，形状別（主筋・帯筋・副帯筋）かつ径ごとに算出する。
（上記長さを，基礎柱，各階柱別に算出）

表2・19　1階柱の鉄筋数量計算書

| 名称 | 形状 | 径 | 単長(m) | 本数 | 箇所 | 延長さ（m） | | | | | | 圧接 | | 備考 |
|---|---|---|---|---|---|---|---|---|---|---|---|---|---|---|
| | | | | | | D10 | D13 | D16 | D19 | D22 | D25 | 径 | 箇所 | |
| 1C | 主筋Ⓐ | D25 | 3.52 | 10 | 1 | | | | | | 35.20 | D25 | 10 | |
| | 主筋Ⓑ | D25 | 3.92 | 2 | 1 | | | | | | 7.84 | D25 | 2 | 3.52+0.40＝3.92 |
| | 帯筋 | D13 | 2.40 | 35 | 1 | | 84.0 | | | | | | | |
| | 副帯筋 | D10 | 0.60 | 7×4 | 1 | 16.80 | | | | | | | | |
| 計 | | | | | | 16.80 | 84.0 | | | | 43.04 | D25 | 12 | |

3）　鉄筋長さ（m）

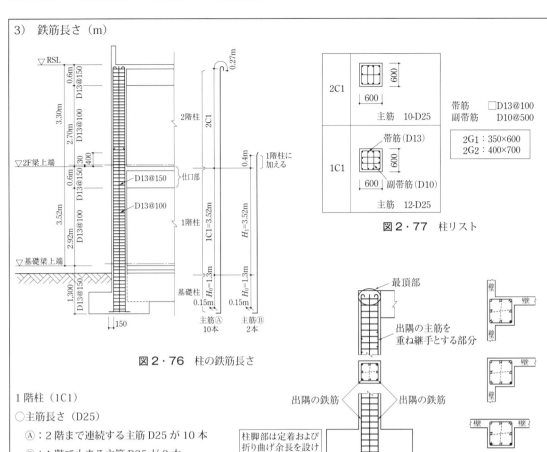

**図2・76** 柱の鉄筋長さ

**図2・77** 柱リスト

帯筋　　　□D13@100
副帯筋　　D10@500

2G1：350×600
2G2：400×700

最頂部

出隅の主筋を
重ね継手とする部分

出隅の鉄筋　　出隅の鉄筋

柱脚部は定着および
折り曲げ余長を設け
るためフックは不要

折り曲げ余長

● 印の鉄筋の末端
部にフックが必要

**図2・78** フックを必要とする柱主筋の部分

1階柱（1C1）

○主筋長さ（D25）

　Ⓐ：2階まで連続する主筋 D25 が 10 本

　Ⓑ：1階で止まる主筋 D25 が 2 本

　（1階柱長さ＝3.52 m，2階柱への埋め込み長
　さ＝0.40 m）

　　Ⓐ：$\ell$＝3.52 m×10 本＝35.20 m

　　Ⓑ：$\ell$＝(3.52 m＋0.40 m)×2 本＝7.84 m

○主筋の継手（D25）

　・継手箇所：各階の柱全長にわたる主筋について，各階ごとに 1 箇所必要

　　⇒主筋が 12 本あるので，継手箇所数＝12 箇所

○帯筋長さ（D13）

　帯筋長さ＝柱の周長＝$(a+b)×2$＝(0.60 m＋0.60 m)×2＝2.40 m

　・割付け本数＝1階柱（1C1）長さ÷帯筋間隔

　　　一般部（1階柱内法部分）：(3.52 m－0.60 m)÷0.10 m＝29.2⇒30 本

　　　仕口部（2階梁接合部分）：0.60 m÷0.15 m＝4⇒4 本

　1階柱の帯筋の本数＝30 本＋4 本＋1 本＝35 本

　帯筋長さ＝2.40 m×35 本＝84.00 m

○副帯筋長さ（D10）

　副帯筋長さ＝柱幅＝0.60 m

　・割付け本数（一般部）：2.92 m÷0.50 m＝5.84⇒6 本＋1 本＝7 本

　柱 1 箇所当たり，4 本ずつ配置されている。

　副帯筋長さ＝0.60 m×7 本×4＝16.80 m

土工

地業

躯体

仕上げ

設備

仮設

例題4　躯体数量の算出（柱）

柱（1階柱のみ）のコンクリート・型枠・鉄筋数量の積算を行う。

### 柱リスト

| 階 | 符　号 | 2C1 | |
|---|---|---|---|
| 2階 | 断　面 | 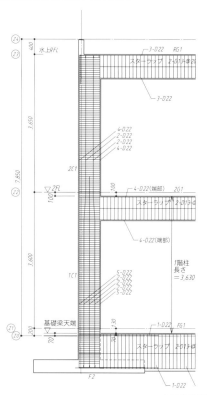 Y方向　X方向 | |
| | B×D | 600 × 600 | |
| | 主　筋 | 12-D22 | |
| | フープ | □-D13-@100 | |
| 1階 | 符　号 | 1C1 | |
| | 断　面 | Y方向　X方向 | |
| | B×D | 600 × 600 | |
| | 主　筋 | 16-D22 | |
| | フープ | □-D13-@100 | |
| | 副帯筋 | D10 @500 | |

※副帯筋は一般部のみ（仕口部含まず）

● 1階柱（1C1）

・断面積：幅（0.60 m）×奥行（0.60 m）
　（柱部材リストより）

・柱長さ（H）：基礎梁上端より2階の梁
　上端までの高さは3.63 m（矩計図より）

（大梁）
RG1：400×650
2G1：400×650

矩計図

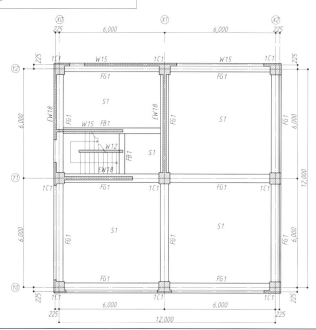

1階伏図

> **計測のポイント**
>
> ① 1階柱（1C1）の長さは，1階床板（基礎梁）上面から2階床板（梁）上面までの1階階高を計測する。
> ② 主筋の長さは，1階階高に定着長さおよび余長を加える。
> ③ 計測する階で終わる鉄筋は，直上階（2階）への定着も加える。
> ④ 1階柱の全長にわたる主筋の継手は，階ごとに1箇所の継手を加える。
> ⑤ 仕口部の帯筋の間隔は，基礎柱と同様，一般部の1.5倍にする。

**【例題4 柱の躯体数量】**

(4) 柱

| 名 称 | コンクリート | | | | | 型 枠 | | | | 鉄 筋 | | | | | | | | |
|---|---|---|---|---|---|---|---|---|---|---|---|---|---|---|---|---|---|---|
| | 寸 | 法 | | か所 | 体積 | 寸 | 法 | か所 | 面積 | 形状 | 径 | 長さ | 本数 | か所 | D10 | D13 | D22 | 圧接継手 D22+D22 |
| （柱） | | | | | | | | | | | | | | | | | | |
| 1C1 | 0.60 | 0.60 | 3.63 | 9 | 11.76 | 2.40 | 3.63 | 9 | 78.41 | 主筋Ⓐ | D22 | 3.63 | 12 | 9 | | | 392.04 | 108 |
| | | | | | | | | | | 主筋Ⓑ | D22 | 3.96 | 4 | 9 | | | 142.56 | 36 |
| | | | | | | | | | | 帯筋 | D13 | 2.40 | 36 | 9 | | 777.60 | | |
| | | | | | | | | | | 副帯筋 | D10 | 0.60 | 7×2 | 9 | 75.60 | | | |
| 小 計 | | | | | 11.76 | | | | 78.41 | | | | | | 75.60 | 777.60 | 534.60 | 144 |

0.60×4周長＝2.40

計測する階で終わる鉄筋
3.63 ＋ 0.33 ＝ 3.96
（柱長）（余長）

柱長さはFG1上面から2G1上面まで
3.80 − 0.1 − 0.07 ＝ 3.63

0.60×4周長＝2.40

階の全長における鉄筋は各階ごとに1箇所の継手を計上

・副帯筋割付け範囲
　　一般部 2.98m

・割付け本数
　　一般部 2.98m÷0.50＝5.96⇨6＋1＝7本

注1：仕口部は含まない。

・割付け範囲 3.63m
　　一般部 3.63m − 0.65 ＝ 2.98m
　　　　　　柱長 　梁せい

　　仕口部 0.65m
　　　　　　梁せい

・割付け本数
　　一般部 2.98m÷0.10＝29.8⇨30本
　　仕口部 0.65÷0.15＝4.3⇨5本
　　合計 30＋5＝35⇨35＋1＝36本

注1：仕口部の割付けピッチは1.5倍となる。
注2：割付け本数の＋1は一般部と仕口部を合計したものに加算する。

上記から，1階柱（1C1）9箇所分の躯体数量は以下のとおりである。

・コンクリート数量＝11.76 m³
・型枠数量　　　　＝78.41 m²
・鉄筋数量（D10）＝75.60 m
　　　　　（D13）＝777.60 m
　　　　　（D22）＝534.60 m

## （3）梁

　梁とは，建物の床や屋根などの荷重を柱に伝え，一般には縦長の長方形断面の水平部材のことである。梁の端部に柱があるものを**大梁**，柱に直接繋がらず，大梁に繋がっているものを**小梁**と呼ぶ。

図2・79　梁

### （a）コンクリート

・梁のコンクリート数量は，梁の断面積と柱の内法部分の長さによる体積とする。

・ハンチ❶がある場合は，その部分の体積を加える必要がある。

> 梁コンクリート数量（m³）＝梁の断面積（m²）×梁の内法長さ（m）＋ハンチの体積（m³）

### （b）型枠

・梁の型枠数量は，コンクリートの側面および底面の面積とする。

　（つまり，梁せいより床板厚さを差し引いた寸法に底面の面積を加えた寸法と梁の内法長さによる面積とする。）

　ただし，ハンチのある場合の面積の伸びはないものとする。

・垂直ハンチがある場合は，側面の三角部分を加算する必要がある。

1）梁の両側に床板がある場合

> 梁の型枠数量（m²）＝｛2×（梁せい（m）－床板厚さ（m））＋梁幅（m）｝×梁の内法長さ（m）

2）梁の片側に床板がある場合

> 梁の型枠数量（m²）＝（2×梁せい（m）－床板厚さ（m）＋梁幅（m））×梁の内法長さ（m）

### （c）鉄筋

・梁の鉄筋には，図2・82のような上端筋・下端筋・腹筋・スタラップ筋・幅止筋などがあり，その径・形状ごとに計測・計算する。上端筋・下端筋については，設計図の断面リストを読み込んでその形状をよく理解することが必要である。

≪用語解説≫

❶　ハンチとは，梁が柱と接合している部分などで強度を増すため，梁の断面を他の部分より大きくしたもの。高さ方向を大きくする垂直ハンチと，梁幅を大きくする水平ハンチなどがある。通常，梁の下面が柱の近くになると斜めに下がる形が多い。また，床板が端部で厚さを増すのもハンチの一種。

## ◆梁（大梁）◆

### 1) コンクリート体積（m³）

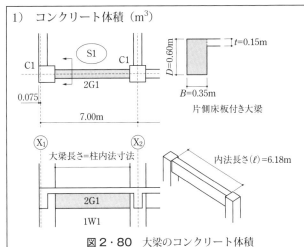

図2・80　大梁のコンクリート体積

○大梁（2G1）
大梁長さ（$\ell$）＝柱内法長さ
$$= 7.00\,\text{m} + 0.075\,\text{m} - 0.60\,\text{m} - 0.6\,\text{m}/2$$
（スパン長）　　　（左柱）　（右柱）
$$= 6.175\,\text{m} \fallingdotseq 6.18\,\text{m}$$

$$V = B \times D \times \ell = 0.35\,\text{m} \times 0.60\,\text{m} \times 6.18\,\text{m}$$
$$= 1.298\,\text{m}^3 \fallingdotseq 1.30\,\text{m}^3$$

### 2) 型枠面積（m²）

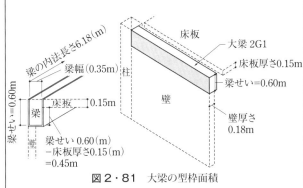

図2・81　大梁の型枠面積

（梁の片側に床板がある。）
○大梁（2G1）
$A$ ＝（2×梁せい－スラブ厚さ＋梁幅）×梁の内法長さ
$$= (2 \times D - t + B) \times \ell$$
$$= (2 \times 0.60\,\text{m} - 0.15\,\text{m} + 0.35\,\text{m}) \times 6.18\,\text{m}$$
$$= 8.652\,\text{m}^2 \fallingdotseq 8.65\,\text{m}^2$$
（※壁（1W1）との接合部の面積）
　1W1：$0.18\,\text{m} \times 6.18\,\text{m} = 1.11\,\text{m}^2 > 1.0\,\text{m}^2$
　したがって柱との接合部は $1.0\,\text{m}^2$ を超えるため
　控除する⇨大梁の型枠面積＝$8.65\,\text{m}^2 - 1.11\,\text{m}^2$
　$= 7.54\,\text{m}^2$

### 3) 鉄筋長さ（m）

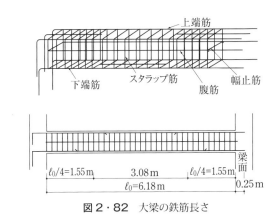

図2・82　大梁の鉄筋長さ

|  | G1 | |
|---|---|---|
|  | 端　部 | 中央部 |
|  |  | |
| B×D | 350×600 | |
| 上端部 | 4-D22 | 3-D22 |
| 下端部 | 3-D22 | 4-D22 |
| スタラップ筋 | D10-@150 | |
| 腹　筋 | 2-D13 | |
| 幅止筋 | D10-@1000 | |

$D=0.60\text{m}$　スタラップ筋 $l$=1.9m　幅止筋 $l$=0.35m
$b=0.35\text{m}$

図2・83　梁リスト

1) 主筋の長さ

・梁の全長にわたる主筋の長さは，梁の内法長さにその定着長さを加えたものとする。
ただし，同一の径の主筋が柱または梁を通して連続する場合は，定着長さにかえて接続する
部材（柱または梁）の幅の1／2を加えるものとし，異なる径の主筋が連続する場合はそれ
ぞれに定着をとるものとする。

・中央部下端部や端部上端部には，図2・84のように余長をとる。

2) 主筋の継手

・単独梁の場合，D16以上の鉄筋長さ7.0mごとに1箇所の継手を加える。

・連続する梁の全長にわたる主筋の継手については，梁の長さが，5.0m未満は0.5箇所，
5.0m以上10.0m未満は1箇所，10.0m以上は2箇所あるものとする。

3) スタラップ等

・スタラップおよび幅止筋の長さは，各梁ごとの断面の周長とし，フックはないものとする。

・腹筋の長さは，梁の内法長さと本数（リストに本数記載）で求める。また，配筋図等に必要
な継手長さが記載されているかを確認する。

> 梁の鉄筋数量長さ（m）は，形状別（上端主筋・下端主筋・スタラップ・幅止筋），かつ径ごとに算出
> （上記長さを，各階別に大梁，小梁に分けて算出）

表2・20 大梁の鉄筋数量計算書

| 名称 | 形状 | 径 | 単長(m) | 本数 | 箇所 | 延べ長さ | | | | | | 圧接 | | 備考 |
|------|------|------|------|------|------|------|------|------|------|------|------|------|------|------|
| | | | | | | D10 | D13 | D16 | D19 | D22 | D25 | 径 | 箇所 | |
| 2G1 | 上端筋A | D22 | 7.25 | 3 | 1 | | | | | 21.75 | | D22 | 3 | |
| | 上端筋B | D22 | 2.65 | 1 | 1 | | | | | 2.65 | | | | |
| | 上端筋C | D22 | 2.18 | 1 | 1 | | | | | 2.18 | | | | |
| | 下端筋D | D22 | 7.25 | 3 | 1 | | | | | 21.75 | | D22 | 3 | |
| | 下端筋E | D22 | 3.97 | 1 | 1 | | | | | 3.97 | | | | |
| | 腹筋 | D13 | 6.96 | 2 | 1 | | 13.92 | | | | | | | |
| | スタラップ筋 | D10 | 1.90 | 43 | 1 | 81.70 | | | | | | | | |
| | 幅止筋 | D10 | 0.35 | 8 | 1 | 2.80 | | | | | | | | |
| 計 | | | | | | 84.50 | 13.92 | | | 52.30 | | | 6.0 | |

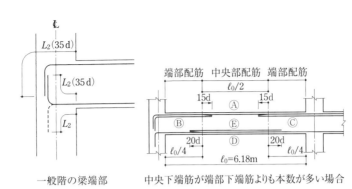

一般階の梁端部　　中央下端筋が端部下端筋よりも本数が多い場合

**図2・84 梁の主筋の定着・余長**

○主筋（D22）
- 梁端部定着長さ（$L_2$）＝35 d＝35×0.022 m＝0.77 m（左柱）
- 貫通する柱の幅の1／2＝0.60 m×1／2＝0.30 m（右柱）

① 上端通し筋Ⓐの長さ＝内法長さ（$\ell_0$）＋定着長さ（35 d（左柱））＋貫通する柱の幅の1／2（右柱）
　　　　　　　　　＝6.18 m＋0.77 m＋0.30 m＝7.25 m
- 上端通し筋の本数は，3本なので⇒数量は7.25 m×3本＝21.75 m
- この場合，鉄筋1本の長さは7.25 m。5.00 m～10.00 m未満なので，継手は各主筋に1箇所ある。⇒圧接箇所は3本で3箇所

② 左端部上端主筋Ⓑの長さ＝梁内法長さ（$\ell_0$）の1／4＋定着（35 d）＋余長（15 d）＝6.18 m／4＋0.77 m＋0.33 m
　　　　　　　　　　　　　　＝2.645 m≒2.65 m

　（定着長さ（35d）＝0.77 m，余長（15 d）＝0.33 m）
　上端主筋Ⓑの本数は，1本なので⇒数量は2.65 m×1本＝2.65 m

③ 右端部上端主筋Ⓒの長さ＝梁内法長さ（$\ell_0$の1／4）＋貫通する右柱の幅の1／2＋余長（15 d）
　　　　　　　　　　　　　　＝6.18 m／4＋0.30 m＋0.33 m＝2.175 m≒2.18 m

　（貫通する柱の幅の1／2＝0.60 m／2＝0.30 m，余長（15 d）＝0.33 m）
　上端主筋の本数は，1本なので数量は2.18 m×1本＝2.18 m

④ 下端通し筋Ⓓの長さ
　上記の上端通し筋と同様に，6.18 m＋0.30 m＋0.77 m＝7.25 m
- 下端通し筋Ⓓの本数も，3本なので数量は7.25 m×3本＝21.75 m
　この場合，鉄筋1本の長さは7.25 mと，5.00～10.00 m未満なので継手は各主筋に1箇所ある。
　⇒圧接箇所は3本で3箇所

⑤ 中央下端筋Ⓔの長さ＝梁内法長さ（$\ell_0$）の1／2＋両端の余長（20 d）×2＝6.18 m／2＋0.44 m×2
　　　　　　　　　　　　＝3.09 m＋0.88 m＝3.97m

　（20d＝0.44 m）
　中央下端筋Ⓔの本数は，1本なので数量は3.97 m×1本＝3.97 m

○腹筋（D13）
　腹筋の長さは＝内法長さ（$\ell_0$）＋余長×2＝6.18 m＋0.39 m×2＝6.96 m
　腹筋の本数も，両側面で2本⇒数量は6.96 m×2本＝13.92 m

○スタラップ筋（D10）
　スタラップ筋の長さ＝基礎梁断面の周長＝（0.35 m＋0.60 m）×2＝1.90 m
　割り付け寸法は，$\ell_0$／0.15 m＋1本＝6.18 m／0.15 m＋1本＝41.20＋1本⇨42本＋1本＝43本
　スタラップ筋の総数量＝1.90 m×43本＝81.70 m

○幅止筋（D10）
　幅止め筋の長さ＝梁幅（$b$）＝0.35 m
　割り付け寸法は，$\ell_0$／1.00 m＋1本＝6.18 m／1.00 m＋1本＝6.18＋1本⇨7本＋1本＝8本
　スタラップ筋の総数量＝0.35 m×8本＝2.80 m

土工

地業

躯体

仕上げ

設備

仮設

### 例題5　躯体数量の算出（大梁）

２階大梁のコンクリート・型枠・鉄筋数量の積算を行う。

**梁リスト**

| | 符　号 | \multicolumn{2}{c}{2G1} |
|---|---|---|---|

| | | 2G1 | |
|---|---|---|---|
| | 位　置 | 端部 | 中央 |
| 2階 | 断　面 | 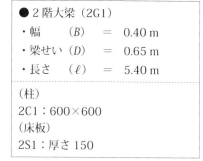 | |
| | B × D | 400 × 650 | |
| | 上端筋 | 4-D22 | 3-D22 |
| | 下端筋 | 4-D22 | 3-D22 |
| | スタラップ | 2-D13-@200 | |
| | 腹　筋 | 2-D10 | |
| | 幅止筋 | D10-@1000 | |

●２階大梁（2G1）
- ・幅　　　（$B$）　＝　0.40 m
- ・梁せい（$D$）　＝　0.65 m
- ・長さ　（$\ell$）　＝　5.40 m

（柱）
2C1：600×600
（床板）
2S1：厚さ 150

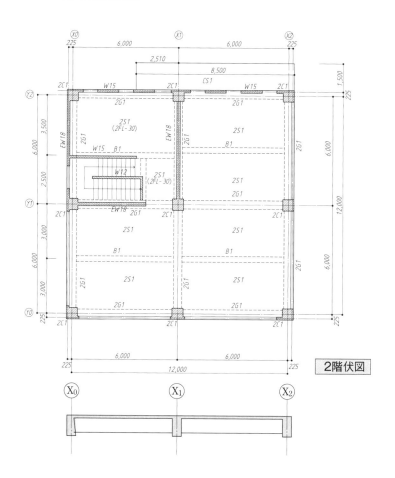

**2階伏図**

### 計測のポイント

① 大梁（2G1）の長さは，柱間の内法部分の長さを計測する。

② 大梁の片側に床板がある場合，片側の梁せい型枠の床板厚さを差し引いた寸法とする。

③ 同一径の主筋が柱を通して連続する場合，主筋の長さは梁の内法寸法長さに接続する柱の幅の 1／2 を加え，さらに片側はその定着長さを加える。

④ 主筋の継手は，連続梁の場合，梁長さが 5.00 m 以上 10.00 m 未満では 1 箇所あるものとする。

## 【例題 5　大梁の躯体数量】

(5) 大梁

| 名　称 | コンクリート | | | | 型　枠 | | | | 鉄　筋 | | | | | | | | |
|---|---|---|---|---|---|---|---|---|---|---|---|---|---|---|---|---|---|
| | 寸　法 | | か所 | 体積 | 寸　法 | | か所 | 面積 | 形状 | 径 | 長さ | 本数 | か所 | D10 | D13 | D22 | 圧接継手 D25+D25 |
| （大梁） | | | | | | | | | | | | | | | | | |
| 2G1 | 0.40 | 0.65 | 5.40 | 12 | 16.85 | 1.55 | 5.40 | 8 | 66.96 | 上端通し筋 | D22 | 6.47 | 3 | 12 | | | 232.92 | 36 |
| | | | | | | 1.40 | 5.40 | 4 | 30.24 | | | | | | | | | |
| | | | | | | ▲0.15 | 5.40 | 1 | ▲0.81 | | | | | | | | | |
| | | | | | | ▲0.18 | 5.40 | 1 | ▲0.97 | 左端上端筋 | D22 | 1.98 | 1 | 12 | | | 23.76 | |
| | | | | | | | | | | 右端上端筋 | D22 | 2.45 | 1 | 12 | | | 29.40 | |
| | | | | | | | | | | 下端通し筋 | D22 | 6.47 | 3 | 12 | | | 232.92 | 36 |
| | | | | | | | | | | 左端下端筋 | D22 | 1.98 | 1 | 12 | | | 23.76 | |
| | | | | | | | | | | 右端下端筋 | D22 | 2.45 | 1 | 12 | | | 29.40 | |
| | | | | | | | | | | 腹筋 | D10 | 5.46 | 2 | 12 | 131.04 | | | |
| | | | | | | | | | | スタラップ | D13 | 2.10 | 28 | 12 | | 705.60 | | |
| | | | | | | | | | | 幅止筋 | D10 | 0.40 | 7 | 12 | 33.6 | | | |
| 小　計 | | | | 16.85 | | | | 97.20 | | | | | | 164.64 | 705.60 | 572.16 | 72 |

注記（表中）：

- 梁長さは柱内法長さ
  6.00 − 0.30 − 0.30 = 5.4
  スパン　左柱　右柱

- 梁断面糸長さ＝
  0.65×2＋0.40−0.15＝1.55
  　梁せい　　梁底　床板厚
  （※梁の片側に床板）
  （2H＋B−t）

- 梁断面糸長さ＝
  0.65×2＋0.40−0.15×2＝1.40
  　梁せい　　梁底　床板厚
  （※梁の両側に床板）
  （2H＋B−2t）

- 壁厚さ＝0.18
  壁との接続部（梁底）の面積が
  1m²以下のため差し引き不要

- 壁厚さ＝0.15
  壁との接続部（梁底）の面積が
  1m²以下のため差し引き不要

- 6.47＝5.40＋0.30＋0.77
  　梁長　左柱/2　右定着

- 連続梁の全長にわたる鉄筋で
  5m〜10m未満のための1箇所
  の継手を計上

- 1.35＋0.30＋0.33＝1.98
  梁長/4　左柱/2　余長

- 1.35＋0.33＋0.77＝2.45
  梁長/4　余長　右定着

- 1.35＋0.30＋0.33＝1.98
  梁長/4　左柱/2　余長

- 1.35＋0.33＋0.77＝2.45
  梁長/4　余長　右定着

- 梁長＋余長×2＝5.46

- （0.40＋0.65）×2＝2.10

- 割付本数＝5.40÷0.20＝27→27＋1＝28本

- 梁幅＝0.40

- 割付本数＝5.40÷1.00＝5.4→6＋1＝7本

上記から，2 階大梁（12 箇所）の躯体数量は以下のとおりである。

- コンクリート数量＝16.85 m³
- 型枠数量　　　　＝97.20 m²
- 鉄筋数量　（D10）＝164.64 m
　　　　　　（D13）＝705.60 m
　　　　　　（D22）＝572.16 m

**例題6**　**躯体数量の算出（小梁）**

## 小梁のコンクリート・型枠・鉄筋数量の積算を行う。

　大梁は，基本的に柱と柱の間にかけられる梁で，床にかかる荷重を柱に伝える役目を持っている。それに対して，小梁は，梁と梁の間にかけられる梁で，床にかかる荷重を大梁に伝える役目を持っている。

　したがって，小梁は大梁の内法部分をいう。

### 小梁リスト

| 符　号 | B1 | |
|---|---|---|
| 位　置 | 端　部 | 中　央 |
| 断　面 | 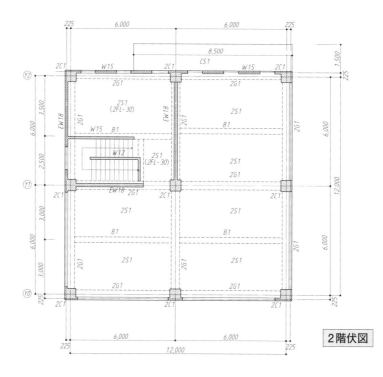 | |
| B×D | 300×600 | |
| 上端部 | 4-D19 | 3-D19 |
| 下端部 | 3-D19 | 3-D19 |
| スターラップ | 2D10-@200 | |
| 腹　筋 | 2-D10 | |
| 幅止筋 | D10-@1000 | |

（柱）
2C1：600×600
（大梁）
2G1：400×650
（スラブ）
S1：厚さ150

2階伏図

【計測のポイント】

① 小梁（2B1）の長さは，大梁（2G1）の内法部分の長さをいう。

② 小梁（2B1）の両側に床板がある場合，型枠は梁せいの両側の床板厚さ部分を差し引いた寸法とする。

③ 同一径の主筋が大梁を通して連続する場合，主筋の長さは小梁（2B1）長さに，接続する大梁（2G1）の梁の1／2を加え，さらに片側部分の定着を加える。

④ 主筋の継手箇所は，1スパン5mを超えているため，1本につき1箇所を計上する。

## 【例題6　小梁の躯体数量】

(6) 小梁

| 名　称 | コンクリート | | | | | 型　枠 | | | | 鉄　筋 | | | | | | | |
|---|---|---|---|---|---|---|---|---|---|---|---|---|---|---|---|---|---|
| | 寸　　法 | | | か所 | 体積 | 寸　　法 | | | か所 | 面積 | 形状 | 径 | 長さ | 本数 | か所 | D10 | D19 | 圧接継手 D19+D19 |
| (小梁) | | | | | | | | | | | | | | | | | |
| 2B1 | 0.30 | 0.60 | 5.70 | 4 | 4.10 | 1.20 | 5.70 | 4 | 27.36 | 上端通し筋 | D19 | 6.57 | 3 | 4 | | 78.84 | 3×4 |
| | | | | | | | | | | 左端上端筋 | D19 | 2.39 | 1 | 4 | | 9.56 | |
| | | | | | | | | | | 右端上端筋 | D19 | 1.92 | 1 | 4 | | 7.68 | |
| | | | | | | | | | | 下端通し筋 | D19 | 6.38 | 3 | 4 | | 76.56 | 3×4 |
| | | | | | | | | | | 腹筋 | D10 | 5.76 | 2 | 4 | 46.08 | | |
| | | | | | | | | | | スタラップ | D10 | 1.80 | 30 | 4 | 216.00 | | |
| | | | | | | | | | | 幅止筋 | D10 | 0.30 | 7 | 4 | 8.40 | | |
| 小　計 | | | | | 4.10 | | | | 27.36 | | | | | | 270.48 | 172.64 | 24 |

> 5.70 + 0.67 + 0.20 = 6.57
> 梁長　左定着　右大梁/2

> 全長にわたる鉄筋で5m〜10mのため1箇所の継手を計上

> 小梁糸長さ＝
> 0.60×2 + 0.30 − 0.15×2 = 1.20
> 梁せい　梁底　スラブ厚両側

> 5.70/4 + 0.67 + 0.29 = 2.39
> 梁長/4　左定着　余長

> 5.70/4 + 0.29 + 0.20 = 1.92
> 梁長/4　余長　右大梁/2

> 小梁長さ＝大梁内法長さ
> 6.00 + 0.30 − 0.40 − 0.40/2 = 5.70
> スパン 左柱/2 − 左大梁 右大梁/2

> 5.70 + 0.48 +　　　0.20 ＝ 6.38
> 梁長　左定着(25d) 右大梁/2

> (0.30 + 0.60)×2 = 1.80

> 割付け本数＝5.70÷0.20 = 28.5→29 + 1 = 30本

> 0.30 = 梁幅

> 割付け本数＝5.70÷1.00 = 5.7…6→6 + 1 = 7本

上記から，小梁の躯体数量は以下のとおりである。

・コンクリート数量＝4.10 m³

・型枠数量　　　　＝27.36 m²

・鉄筋数量（D10）＝270.48 m

　　　　　　（D19）＝172.64 m

## （4）　床板（スラブ）

　床板は，建物の構造耐力上主要な部分となる構造用の床を指す。
つまり，梁・柱などに接する水平材の内法部分をいう。片持床板な
どもこれに準ずる。

**図 2・85**　床板

### （a）　コンクリート

・床板のコンクリート数量は，梁などに囲まれた床板の内法寸法に
　よる面積とその床板厚さによる体積とする。

・柱との取合い部分の欠除はないものとする。

・床板にハンチがある場合は，ハンチ部分の体積を加える。

・図 2・86 のように床板に開口部があるとき，1 箇所当たりの内法の見付面積が 0.5 m² 以下
　の場合は，コンクリート数量は差し引かない。

> 床板のコンクリート数量（m³）＝　内法幅 $\ell_x$ (m) ×　内法長さ $\ell_y$ (m) ×床板厚さ $t$ (m)
> 　　　　　　　　　　　　　－開口部の体積（m³）

### （b）　型枠

・床板の型枠数量は，梁に囲まれたコンクリート床板の内法寸法による底面積とする。

・なお，柱と梁の取合い部分や水平ハンチによる底面面積の欠除はないものとする。

・図 2・86 のように床板に開口部があるとき，1 箇所当たりの内法の見付面積が 0.5 m² 以下
　の場合は，型枠数量は差し引かない。

> 床板の型枠数量（m²）＝内法幅 $\ell_x$ (m) ×内法長さ $\ell_y$ (m) －開口部の面積（m²）

## ◆床板◆

1) コンクリート体積（m³）

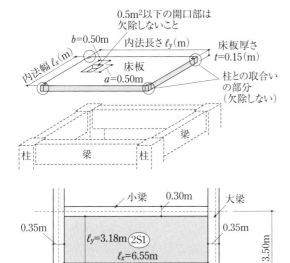

図2・86 床板のコンクリート体積

$\ell_x=7.00\,\mathrm{m}-(0.175\,\mathrm{m}+(0.35-0.075)\mathrm{m})=6.55\,\mathrm{m}$
　　　　　　　　　左大梁　　　右大梁

$\ell_y=3.50\,\mathrm{m}-\left(\dfrac{0.35}{2}+\dfrac{0.30}{2}\right)\mathrm{m}=3.50\,\mathrm{m}-0.325\,\mathrm{m}$
　　　　　　　　大梁　　小梁

　$=3.175\,\mathrm{m}\fallingdotseq3.18\,\mathrm{m}$

$V=\ell_x\times\ell_y\times t=6.55\,\mathrm{m}\times3.18\,\mathrm{m}\times0.15\,\mathrm{m}=3.124\,\mathrm{m}^3$
　$\fallingdotseq3.12\,\mathrm{m}^3$

※・柱との取合い部分の欠除はない。

　・0.50 m² 以下の開口部の欠除はない。

　・左柱取合い部分
　　$(0.60\,\mathrm{m}／2-0.175\,\mathrm{m})\times(0.60\,\mathrm{m}／2-0.175\,\mathrm{m})$
　　$=0.016\,\mathrm{m}^2\fallingdotseq0.02\,\mathrm{m}^2$

　・右柱取合い部分
　　$(0.60\,\mathrm{m}／2-0.175\,\mathrm{m})\times(0.60\,\mathrm{m}-0.35\,\mathrm{m})$
　　$=0.031\,\mathrm{m}^2\fallingdotseq003\,\mathrm{m}^2$

　　したがって，両柱取合い部分とも 0.50 m² 以下であり，欠除はない。

2) 型枠面積（m²）

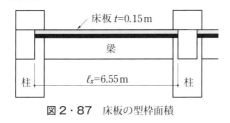

図2・87 床板の型枠面積

$A=\ell_x\times\ell_y=6.55\,\mathrm{m}\times3.18\,\mathrm{m}=20.829\,\mathrm{m}^2\fallingdotseq20.83\,\mathrm{m}^2$

※コンクリートと同様，0.50 m² 以下の開口部の欠除はない。

## （c）　鉄筋

　　床板の配筋は，図2・88のように，一面で矩辺（$\ell_y$）方向，長辺（$\ell_x$）方向，上端，下端の配筋を示しているので，立体的に理解することが必要である。

### 1）　主筋の長さ

・床板の全長にわたる主筋の長さは，床板の内法長さにその定着長さを加えたものとする。
　　ただし，同一の径の主筋が梁，壁等を通して連続する場合は，定着長さにかえて接続する梁，壁等の幅の1／2を加えるものとし，異なる径の主筋が連続する場合はそれぞれ定着するものとする。

### 2）　主筋の継手

・連続する床板の全長にわたる主筋の継手については，床板の長さ4.5 m未満は0.5箇所，4.5 m以上9.0 m未満は1箇所，9.0 m以上13.5 m未満は1.5箇所あるものとする。
　　ただし，単独床板および片持床板の主筋の継手は，床板筋が径13 mm以下では6.0 m，径16 mm以上では，7.0 mごとに継手が1箇所あるものとする。

### 3）　同一配筋の略算法

・同一配筋の床板が多数ある場合には，代表的な箇所の単位面積当たりの鉄筋量を計算し，床板面積を乗じて鉄筋数量を求める計算法による計数値とすることができる。

> 床の鉄筋数量長さ（m）は，形状別（上端通し筋・上端肩筋・上端トップ筋・下端通し筋・下端主筋）かつ，径ごとに算出。
> （上記長さを，各階別に床板タイプごとに分けて算出）

表2・21　床板の鉄筋数量計算書

| 名称 | 形状 | 径 | 単長(m) | 本数 | 箇所 | 延べ長さ D10 | D13 | D16 | D19 | D22 | D25 | 圧接 径 | 圧接 箇所 | 備考 |
|---|---|---|---|---|---|---|---|---|---|---|---|---|---|---|
| 2S1 | 短辺上端筋 | D10 | 3.88 | 34 | 1 | 131.92 | | | | | | | | |
| | 短辺下端筋 | D10 | 3.68 | 34 | 1 | 125.12 | | | | | | | | |
| | 長辺上端筋 | D10 | 7.65 | 14 | 1 | 107.10 | | | | | | | | |
| | 長辺下端筋 | D10 | 7.25 | 14 | 1 | 101.50 | | | | | | | | |
| 計 | | | | | | 465.64 | | | | | | | | |

3) 鉄筋長さ（m）

| 符号 | 厚 | 位置 | 短辺方向 | 長辺方向 |
|---|---|---|---|---|
| | | | 全断面 | 全断面 |
| S1 | 150 | 上端部 | D10@200 | D10@250 |
| | | 下端部 | D10@200 | D10@250 |

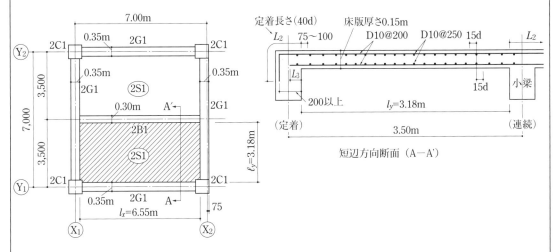

**図 2・88**　スラブの鉄筋長さ

◯短辺（$\ell_y$）方向（主筋）（D10）

① 短辺上端通し筋の長さ＝短辺方向床板内法長さ（$\ell_y$）＋定着長さ（35 d）＋連続側小梁（0.30 m）の 1／2
　　　　　　　　　＋継手（40 d）の 1／2

　　　　　＝3.18 m＋0.35 m＋0.15 m＋0.20 m＝3.88 m

（定着長さ＝35 d＝0.35 m，連続側小梁幅の 1／2＝0.30 m／2＝0.15 m，継手長さ（40 d）の 1／2＝0.20 m）

（短辺は連続床板で，床板長さ 4.5 m 未満⇒1 本につき 0.5 箇所の継手を計上する）

　短辺方向主筋の割り付け本数＝長辺方向長さ（$\ell_x$）／0.20 m＝6.55 m／0.20 m＝32.8⇒33 本＋1 本＝34 本

　短辺上端の総長さ＝3.88 m×34 本＝131.92 m

② 短辺下端筋の長さ＝短辺方向床板内法長さ（$\ell_y$）＋定着長さ（10 d かつ 0.15 m 以上）＋連続側小梁幅（0.30 m）の
　　　　　　　　　1／2＋継手（40 d）の 1／2

　　　　　　　＝3.18 m＋0.15 m＋0.15 m＋0.20 m＝3.68 m

　短辺下端筋の総長さ＝3.68 m×34 本＝125.12 m

◯長辺（$\ell_x$）方向（配力筋）（D10）

① 長辺上端筋の長さ＝長辺方向床板内法長さ（$\ell_x$）＋定着長さ（35 d）×2＋継手（40 d）

　　　　　　　＝6.55 m＋0.70 m＋0.40 m＝7.65 m

（定着長さ＝35 d＝0.35 m，継手＝40 d＝0.40 m）

　長辺方向主筋の割り付け本数＝短辺方向長さ（$\ell_y$）／0.25 m＝3.18 m／0.25 m＝12.7⇒13 本＋1 本＝14 本

　長辺上端の総長さ＝7.65 m×14 本＝107.10 m

（長辺は単独床板で，鉄筋長さ 6 m ごとに継手を見込む）

② 長辺下端筋の長さ＝長辺方向床板内法長さ（$\ell_x$）＋定着長さ（10 d かつ 0.15 m 以上）×2＋継手（40d）

　　　　　　　＝6.55 m＋0.30 m＋0.40 m＝7.25 m

　短辺下端筋の総長さ＝7.25 m×14 本＝101.50 m

**例題7**　躯体数量の算出（床板）

　2階床板（スラブ）$_2$S1 ①のコンクリート・型枠・鉄筋数量の積算を行う。

| 符　号 | 板 厚 | 位　置 | 短辺方向 | 長辺方向 |
|---|---|---|---|---|
| 床板リスト | | | | |
| $_2$S1 | 150 | 上端部 | D10-@200 | D10-@200 |
| | | 下端部 | D10-@200 | D10-@200 |

●2階床の床板（$_2$S1）　（2階伏図より）

・長さ　（$\ell_x$）　＝　5.70 m
・幅　　（$\ell_y$）　＝　2.75 m
・厚さ　（$t$）　　＝　0.15 m

（柱）
2C1：600×600
（大梁）
2G1：400×650
（小梁）
B1 ：300×600

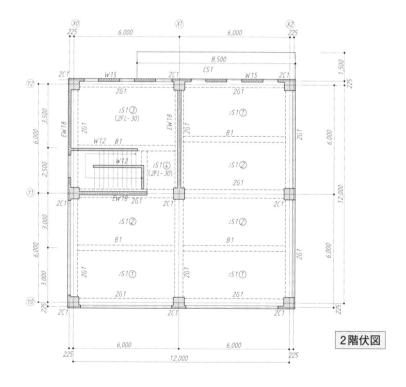

2階伏図

計測のポイント

① 床板（$_2$S1）の柱部分との取合い部分の欠除はコンクリート，型枠ともにないものとする。

② 床板（$_2$S1）の面積は$\ell_x \times \ell_y$とする。

③ 床板の全長にわたる主筋の長さは，床板の長さにその定着長さを，加えたものとする。ただし，同一径の主筋が梁・壁等を通して連続する場合，定着長さに変えて接続する梁・壁の幅の1／2を加えるものとし，異なる径の主筋が連続する場合はそれぞれ定着するものとする。

④ 主筋の継手は，床板の長さ 4.5 m 以上 9.0 m 未満では 1 箇所計上する。

## 【例題 7 床板の躯体数量】

(7) 床板 ※ここでは，2 階伏図の $_2$S1① のタイプの床板の数量を算出する。

| 名 称 | コンクリート | | | | | 型 枠 | | | | 鉄 筋 | | | | | |
|---|---|---|---|---|---|---|---|---|---|---|---|---|---|---|---|
| | 寸 | 法 | | か所 | 体積 | 寸 | 法 | か所 | 面積 | 形状 | | 径 | 長さ | 本数 | か所 | D10 |
| $_2$S1① | 5.70 | 2.75 | 0.15 | 3 | 7.05 | 5.70 | 2.75 | 3 | 47.03 | 短辺 | 上端筋 | D10 | 3.45 | 30 | 3 | 310.50 |
| | | | | | | | | | | 短辺 | 下端筋 | D10 | 3.25 | 30 | 3 | 292.50 |
| | | | | | | | | | | 長辺 | 上端筋 | D10 | 6.65 | 15 | 3 | 299.25 |
| | | | | | | | | | | 長辺 | 下端筋 | D10 | 6.45 | 15 | 3 | 290.25 |
| 小 計 | | | | | 7.05 | | | | 47.03 | | | | | | | 1,192.50 |

短辺長さ＝梁内法長さ
3.00−(0.4−0.3)−0.15＝2.75
スパン 外大梁 内小梁/2

長辺長さ＝大梁内法長さ
6.00−(0.4−0.3)−0.20＝5.70
スパン 外大梁 内大梁/2

2.75 + 0.35 + 0.15 + 0.20 = 3.45
床板長 定着 連続側小梁/2 継手/2
※短辺は連続床板で床板長さ4.5m未満のため1本につき0.5か所の継手を計上

割付け本数＝5.70÷0.20＝28.5→29＋1＝30本

2.75 + 0.15 + 0.15 + 0.20 = 3.25
床板長 定着 連続側小梁/2 継手/2
※下端筋定着長さは10dかつ0.15m以上

5.70 + 0.35 + 0.4/ 2 + 0.40 = 6.65
床板長 定着+大梁/2 継手
※長辺は連続床板で鉄筋長さ4.5m以上なので継手を1箇所見込む

割付け本数＝2.75÷0.20＝13.75⇨14＋1＝15本

5.70 + 0.15 + 0.4/2 + 0.4 = 6.45
床板長 定着 梁/2 余長

上記から，床板 $_2$S1 ① 3 箇所の躯体数量は以下のとおりである。

・コンクリート数量＝7.05 m$^3$

・型枠数量 ＝47.04 m$^2$

・鉄筋数量（D10）＝1,192.50 m

※2 階床板（スラブ）全体を算出するには，$_2$S1 ②，③，④の計測を同様に行う。

土工 地業 躯体 仕上げ 設備 仮設

## (5) 壁

壁とは，柱，梁，床板などに囲まれる垂直面をいう。

壁の中の出入口や窓などは開口部といい，壁とは区別する。

袖壁，下り壁なども，壁の一部である。

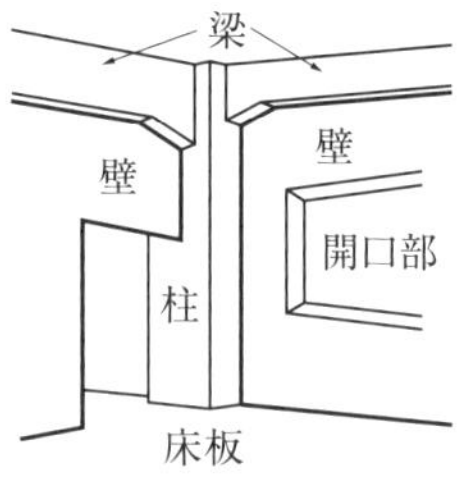

図2・89 壁

### (a) コンクリート

・壁のコンクリート数量は，柱と梁に囲まれた壁の内法寸法による面積とその壁厚さによる体積とする。

・図2・91（p.107）のように，壁が他の壁と取合う場合の内法長さは，壁厚の大きい方を優先し，床板と取合う場合の内法高さは，床板下端までとする。

・壁に開口部があるとき，1箇所当たりの内法の見付面積が 0.5 m² 以下の場合は，コンクリート数量は差し引かない。

壁のコンクリート数量（m³）＝内法長さ（m）×内法高さ（m）×壁厚さ $t$（m）－開口部の体積（m³）

### (b) 型枠

・壁の型枠数量は，柱と梁に囲まれた壁の内法寸法による両側面の面積である。

・図2・91のように，壁に柱や梁がなく，他の壁や床板と取合う場合は，前者では壁厚の大きい方を優先して内法長さをとり，後者では床板間の内法高さをとる。

・壁に開口部があるとき，1箇所当たりの内法の見付面積が 0.5 m² 以下の場合は，型枠数量は差し引かない。また，見込み部分の型枠の面積は計測しない。

壁の型枠両面数量（m²）＝（内法長さ（m）×内法高さ（m）－開口部の面積（m²））× 2

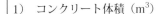

## ◆壁◆

1) コンクリート体積（m³）

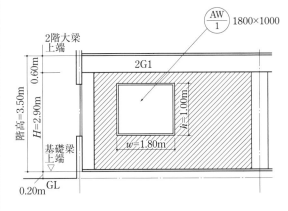

・壁内法長さ（$\ell$）=7.00 m－（0.525 m+0.30 m）
　　　　　　　　（スパン長）（左柱）　（右柱）

　　　　　　　　=6.175 m

・壁内法高さ（$H$）=3.50 m－0.60 m=2.90 m
　　　　　　　　（階高）　（梁せい）

・壁厚さ　　　　（$t$）=0.15 m

$V = \ell \times H \times t - w \times h \times t = 6.175\ \text{m} \times 2.90\ \text{m} \times 0.15\ \text{m}$
　　　　　　　　　　　　　（開口部）

　　　$- 1.80\ \text{m} \times 1.00\ \text{m} \times 0.15\ \text{m}$

　　$= 2.416\ \text{m}^3 \fallingdotseq 2.42\ \text{m}^3$

$\left(\begin{array}{l}\text{※開口部内法面積は 1.80 m}^2\text{ であり，0.50 m}^2\text{ 以}\\ \text{　上なのでこの部分を控除する。}\end{array}\right)$

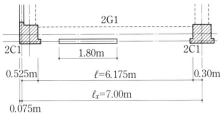

図2・90　壁のコンクリート体積

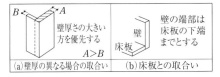

図2・91　壁との取合い

2) 型枠面積（m²）

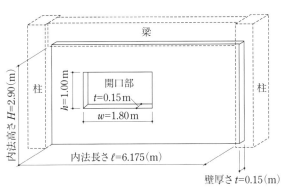

図2・92　壁の型枠面積

$A = (\ell \times H - w \times h) \times 2$
　　　　　　　　　　　（両面）

　$= (6.175\ \text{m} \times 2.90\ \text{m} - 1.80\ \text{m} \times 1.00\ \text{m}) \times 2$

　$= 16.11\ \text{m}^2 \times 2$

　$= 32.22\ \text{m}^2$

$\left(\begin{array}{l}\text{※型枠面積も，開口部内法面積が 1.80 m}^2\text{ で 0.50 m}^2\\ \text{　以上であり，控除する。}\end{array}\right)$

土工

地業

躯体

仕上げ

設備

仮設

## (c)　鉄筋

### 1)　縦筋

・壁の縦筋長さは，階高に上下の梁など接続する他の部分に定着するものとし，壁の高さに定着長さを加えたものとする。

### 2)　横筋

・横筋の長さは，スパン内法長さに左右の柱など接続する他の部分に定着するものとし，壁の長さに定着長さを加えたものとする。

### 3)　開口補強筋

・開口部がある場合，その内法寸法による面積が1箇所につき0.5 m² 以下のときは，開口部の鉄筋は差し引かない。開口部の補強筋は，通常は図2・95のように開口部端部から定着長さをとる。

### 4)　継手

・縦筋の継手は原則として各階に1箇所あるものとする。腰壁や下り壁の場合の縦筋は，継手はないものとする。また，横筋の継手は，D13 mm 以下の鉄筋では6.0 m ごとに1箇所あるものとする。

### 5)　同一配筋の略算法

・同一配筋の壁が多数ある場合には，代表的な箇所の単位面積当たりの鉄筋量を計算し，壁面積を乗じて鉄筋数量を求める計算法による計数値とすることができる。

> 壁の鉄筋数量長さ（m）は，形状別（縦筋・横筋・開口補強筋）かつ，径ごとに算出。
> また，開口補強筋についても，縦補強筋，横補強筋，斜め補強筋に分けて算出。
> （上記長さを，各階別に壁タイプごとに分けて算出）

表2・22　壁の鉄筋数量計算書

| 名称 | 形状 | 径 | 単長 | 本数 | 箇所 | 延べ長さ | | | | | | 圧接 | | 備考 |
|---|---|---|---|---|---|---|---|---|---|---|---|---|---|---|
| | | | | | | D10 | D13 | D16 | D19 | D22 | D25 | 径 | 箇所 | |
| W15 | 縦筋 | D10 | 4.00 | 23 | 1 | 92.00 | | | | | | | | |
| | 縦筋 | D10 | 2.60 | 9 | 1 | 23.40 | | | | | | | | |
| | 横筋 | D10 | 7.28 | 16 | 1 | 116.48 | | | | | | | | |
| | 横筋 | D10 | 5.08 | 5 | 1 | 25.40 | | | | | | | | |
| | 縦補強筋 | D13 | 2.04 | 1 | 2 | | 4.08 | | | | | | | |
| | 横補強筋 | D13 | 2.84 | 1 | 2 | | 5.68 | | | | | | | |
| | 斜補強筋 | D13 | 1.04 | 1 | 4 | | 4.16 | | | | | | | |
| 計 | | | | | | 257.28 | 13.9 | | | | | | | |

3)　鉄筋長さ（m）

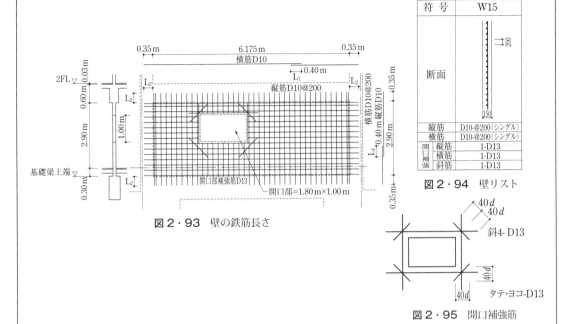

図2・93　壁の鉄筋長さ

| 符　号 | W15 |
|---|---|
| 断　面 | |
| 縦筋 | D10-@200（シングル） |
| 横筋 | D10-@200（シングル） |
| 開口補強 縦筋 | 1-D13 |
| 開口補強 横筋 | 1-D13 |
| 開口補強 斜筋 | 1-D13 |

図2・94　壁リスト

図2・95　開口補強筋

①縦筋（D10@200）

・割付け寸法＝内法長さ（$\ell$）／鉄筋の間隔＝6.18 m／0.20 m＝30.90 本⇨31 本＋1＝32 本

　このうち開口部にかかる縦筋は，内法幅 1.80 m／0.20 m＝9 本

　（全長にわたる縦筋の継手は，各階 1 箇所を計上）

・全長にわたる縦筋長さ＝内法高さ（$h$）＋定着長さ（35 $d$×2（両端））＋継手長さ（40 $d$）

　　　　　　　　　　＝2.90 m＋0.35 m×2＋0.40 m＝4.00 m（本数は 32 本−9 本＝23 本）

・開口部にかかる縦筋長さ＝内法高さ（$h$）＋定着長さ（35 d×2（両端））−開口内法高さ（$h$）

　　　　　　　　　　＝2.90 m＋0.35 m×2−1.00 m＝2.60 m（本数は 9 本）

・縦筋数量＝4.00 m×23 本＋2.60 m×9 本＝115.40 m

②横筋（D10@200）

・割付け寸法＝内法高さ（$h$）／鉄筋の間隔＝2.90 m／0.20 m＝14.50⇨15 本＋1 本＝16 本

　このうち開口部にかかる横筋は，内法高さ（$h$）1.00 m／0.20 m＝5 本

　（横筋の継手は，6 m ごとに 1 箇所を計上）

・全長にわたる横筋長さ＝内法長さ（$\ell$）＋定着長さ（35 $d$×2（両端））＋継手長さ（40 $d$）

　　　　　　　　　　＝6.18 m＋0.35 m×2＋0.40 m＝7.28 m（本数は 16 本−5 本＝11 本）

・開口部にかかる横筋長さ＝内法長さ（$\ell$）＋定着長さ（35 $d$×2（両端））−開口内法長さ（$w$）

　　　　　　　　　　＝6.18 m＋0.35 m×2−1.80 m＝5.08 m（本数は 5 本）

・横筋数量＝7.28 m×16 本＋5.08 m×5 本＝141.88 m

③開口部補強（D13）

・縦方向補強筋の長さ＝開口内法高さ（$h$）＋定着長さ（40 d）×2（両端）＝1.00 m＋0.52 m×2

　　　　　　　　　　＝2.04 m（本数は，左右の 2 本）⇒縦補強筋長さ＝2.04 m×2 本＝4.08 m

・横方向補強筋の長さ＝開口内法長さ（$w$）＋定着長さ（40d）×2（両端）＝1.80 m＋0.52 m×2

　　　　　　　　　　＝2.84 m（本数は，上下の 2 本）⇒横補強筋長さ＝2.84 m×2 本＝5.68 m

・斜め方向補強筋の長さ＝定着を両端部に 40 d ずつとる＝0.52 m×2

　　　　　　　　　　＝1.04 m（本数は，上下左右隅に 4 本）⇒斜め方向補強筋＝1.04 m×4 本＝4.16 m

**例題8**　**躯体数量の算出（壁）**

1階壁W15（ⓗ部分）のコンクリート・型枠・鉄筋数量の積算を行う。

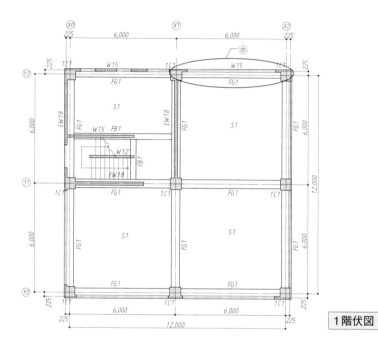

1階伏図

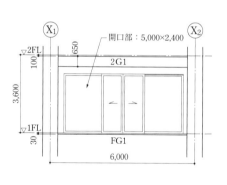

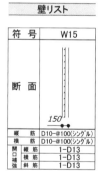

壁リスト

| 符　号 | W15 |
|---|---|
| 断　面 | 150 |

| 縦　筋 | D10-@100(シングル) |
|---|---|
| 横　筋 | D10-@100(シングル) |
| 開口補強 縦　筋 | 1-D13 |
| 横　筋 | 1-D13 |
| 斜　筋 | 1-D13 |

●1階壁（W15）のⓗ部分
・長さ　（ℓ）　＝　5.40 m
・高さ　（h）　＝　2.88 m
・壁厚さ（t）　＝　0.15 m　（壁リストより）
・SSD-1　　　＝　5.00 m×2.40 m

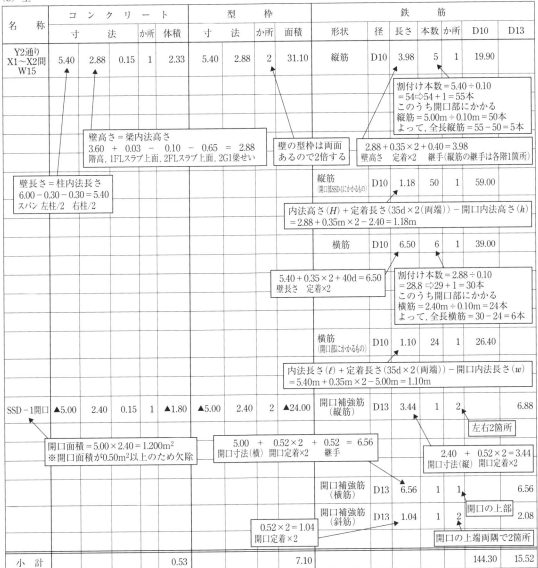

計測のポイント

① 壁の面積は，柱と梁に囲まれた内法寸法で計測する。

② 面積が $0.5\,\text{m}^2$ 以下の開口部の欠除は，コンクリート，型枠ともにない。

③ 壁の縦筋長さは，壁の高さ（$h$）に定着長さを加える。また，壁の横筋長さは，壁の長さ（$\ell$）に定着長さを加える。

土工｜地業｜躯体｜仕上げ｜設備｜仮設

## 【例題8　壁の躯体数量】

(8) 壁

| 名　称 | コンクリート 寸　法 | | | か所 | 体積 | 型　枠 寸　法 | | か所 | 面積 | 鉄　筋 形状 | 径 | 長さ | 本数 | か所 | D10 | D13 |
|---|---|---|---|---|---|---|---|---|---|---|---|---|---|---|---|---|
| Y2通り X1～X2間 W15 | 5.40 | 2.88 | 0.15 | 1 | 2.33 | 5.40 | 2.88 | 2 | 31.10 | 縦筋 | D10 | 3.98 | 5 | 1 | 19.90 | |
| | | | | | | | | | | 縦筋 (開口部SSD-1にかかる) | D10 | 1.18 | 50 | 1 | 59.00 | |
| | | | | | | | | | | 横筋 | D10 | 6.50 | 6 | | 39.00 | |
| | | | | | | | | | | 横筋 (開口部にかかるもの) | D10 | 1.10 | 24 | 1 | 26.40 | |
| SSD－1開口 | ▲5.00 | 2.40 | 0.15 | 1 | ▲1.80 | ▲5.00 | 2.40 | 2 | ▲24.00 | 開口補強筋 （縦筋） | D13 | 3.44 | 1 | 2 | | 6.88 |
| | | | | | | | | | | 開口補強筋 （横筋） | D13 | 6.56 | 1 | 1 | | 6.56 |
| | | | | | | | | | | 開口補強筋 （斜筋） | D13 | 1.04 | 1 | 2 | | 2.08 |
| 小　計 | | | | | 0.53 | | | | 7.10 | | | | | | 144.30 | 15.52 |

割付け本数＝5.40÷0.10
＝54⇨54＋1＝55本
このうち開口部にかかる
縦筋＝5.00m÷0.10m＝50本
よって，全長縦筋＝55－50＝5本

壁高さ＝梁内法高さ
3.60 ＋ 0.03 － 0.10 － 0.65 ＝ 2.88
階高，1FLスラブ上面，2FLスラブ上面，2G1梁せい

壁の型枠は両面
あるので2倍する

2.88＋0.35×2＋0.40＝3.98
壁高さ　定着×2　継手（縦筋の継手は各階1箇所）

壁長さ＝柱内法長さ
6.00 － 0.30 － 0.30 ＝ 5.40
スパン　左柱/2　右柱/2

内法高さ（$H$）＋定着長さ（35d×2（両端））－開口内法高さ（$h$）
＝2.88＋0.35m×2－2.40＝1.18m

5.40＋0.35×2＋40d＝6.50
壁長さ　定着×2

割付け本数＝2.88÷0.10
＝28.8 ⇨29＋1＝30本
このうち開口部にかかる
横筋＝2.40m÷0.10m＝24本
よって，全長横筋＝30－24＝6本

内法長さ（$\ell$）＋定着長さ（35d×2（両端））－開口内法長さ（$w$）
＝5.40m＋0.35m×2－5.00m＝1.10m

開口面積＝5.00×2.40＝1.200m²
※開口面積が0.50m²以上のため欠除

5.00 ＋ 0.52×2 ＋ 0.52 ＝ 6.56
開口寸法（横）開口定着×2　継手

左右2箇所

2.40 ＋ 0.52×2＝3.44
開口寸法（縦）開口定着×2

開口の上部

0.52×2＝1.04
開口定着×2

開口の上端両隅で2箇所

上記から，1階壁 W15（㋐部分）の躯体数量は以下のとおりである。

・コンクリート数量＝0.53 m³

・型枠数量　　　　＝7.10 m²

・鉄筋数量（D10）＝144.30 m

　　　　　　（D13）＝15.52 m

RC造建物事例の算出例題に基づき，躯体の各部分の数量算出の演習問題を行う。

## ◇演習 1 ◇ 基礎躯体数量の算出（独立基礎）

独立基礎（F2およびF3）のコンクリート・型枠・鉄筋数量を計測せよ。

> F2：3.00 m×3.00 m×0.35 m
> F3：2.50 m×2.50 m×0.35 m

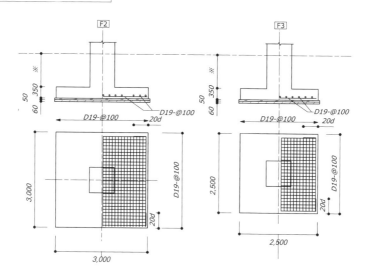

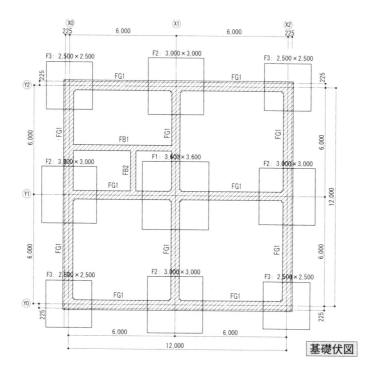

基礎伏図

## ◇演習２◇　基礎躯体数量の算出（基礎梁）

基礎梁（FG1）ロ部分のコンクリート・型枠・鉄筋数量を計測せよ。

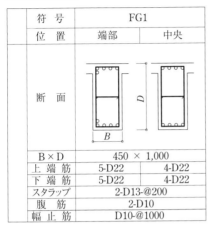

**梁リスト**

| 符　号 | FG1 | |
|---|---|---|
| 位　置 | 端部 | 中央 |
| 断　面 | | |
| B×D | 450 × 1,000 | |
| 上 端 筋 | 5-D22 | 4-D22 |
| 下 端 筋 | 5-D22 | 4-D22 |
| スタラップ | 2-D13-@200 | |
| 腹　筋 | 2-D10 | |
| 幅 止 筋 | D10-@1000 | |

●基礎梁（FG1）

- ・幅　　　　（$B$）　=　0.45 m
- ・梁せい　　（$D$）　=　1.00 m
- ・内法長さ（$\ell$）　=　5.40 m（ロ部分）

(独立基礎)
F2：3.00m×3.00m×0.35m
F3：2.50m×2.50m×0.35m
(基礎柱)
FC1：0.60×0.60

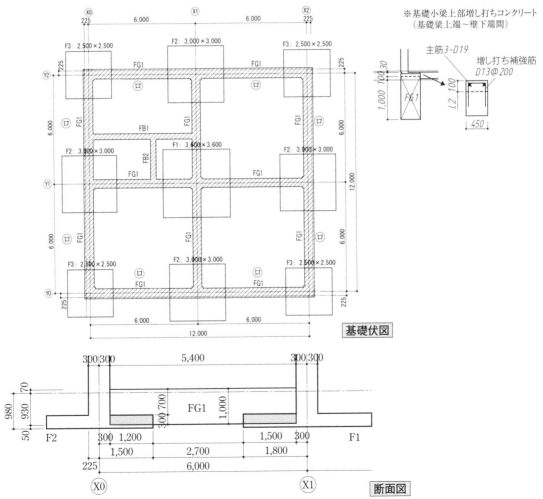

※基礎小梁上部増し打ちコンクリート
（基礎梁上端〜壁下端間）

主筋3-D19
増し打ち補強筋
D13@200

**基礎伏図**

**断面図**

## ◇演習3◇　基礎躯体数量の算出（基礎小梁）

基礎小梁（FB1）⑪および⑤部分のコンクリート・型枠・鉄筋数量を計測せよ。

| 符　号 | FB1 | |
|---|---|---|
| 位　置 | 端　部 | 中　央 |
| 断　面 | | |
| B×D | 300×600 | |
| 上端部 | 4-D19 | 3-D19 |
| 下端部 | 3-D19 | 3-D19 |
| スタラップ | 2D10-@200 | |
| 腹　筋 | 2-D10 | |
| 幅止筋 | D10-@1000 | |

（基礎小梁リスト）

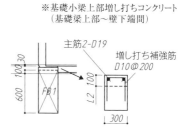

※基礎小梁上部増し打ちコンクリート
　（基礎梁上部〜壁下端間）

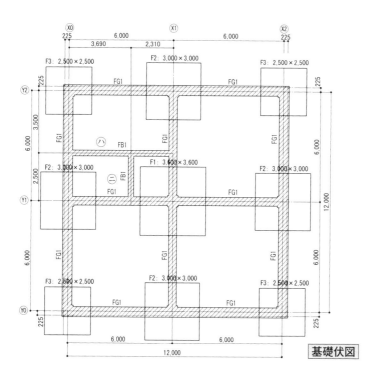

基礎伏図

◇演習4◇ 躯体数量の算出（柱）

柱（2階柱のみ）のコンクリート・型枠・鉄筋数量の計測せよ。

2階柱（2C1）
　断面積：幅（0.60 m）×奥行（0.60 m）
　高さ（$H$）：2階の梁上端よりR階の梁上端までの高さ3.75 m

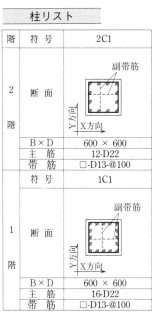

柱リスト

| 階 | 符 号 | 2C1 | |
|---|---|---|---|
| 2<br>階 | 断 面 | 副帯筋<br>Y方向 X方向 | |
| | B×D | 600 × 600 | |
| | 主 筋 | 12-D22 | |
| | 帯 筋 | □-D13-@100 | |
| | 符 号 | 1C1 | |
| 1<br>階 | 断 面 | 副帯筋<br>Y方向 X方向 | |
| | B×D | 600 × 600 | |
| | 主 筋 | 16-D22 | |
| | 帯 筋 | □-D13-@100 | |

副帯筋：D10@500
※副帯筋は一般部のみ（仕口部含まず）

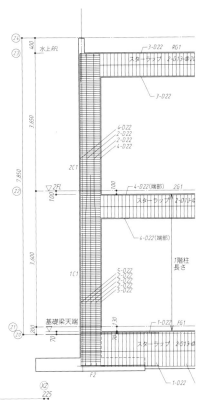

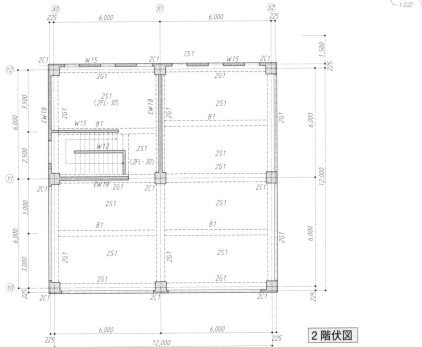

2階伏図

## ◇演習5◇　躯体数量の算出（大梁）

R階大梁のコンクリート・型枠・鉄筋数量を計測せよ。

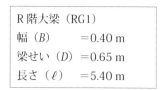

R階大梁（RG1）
幅（$B$）　　＝0.40 m
梁せい（$D$）＝0.65 m
長さ（$\ell$）　＝5.40 m

**梁リスト**

| 階 | 符　号 | RG1 | |
|---|---|---|---|
| | 位　置 | 端部 | 中央 |
| R<br>階 | 断　面 | | |
| | B × D | 400 × 650 | |
| | 上 端 筋 | 4-D22 | 3-D22 |
| | 下 端 筋 | 3-D22 | 4-D22 |
| | スターラップ | 2-D13 @200 | |
| | 腹　筋 | 2-D10 | |
| | 幅 止 筋 | D10-@1000 | |

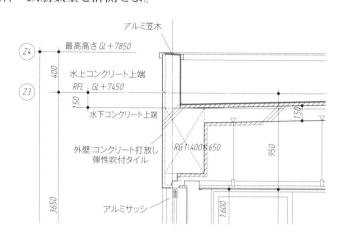

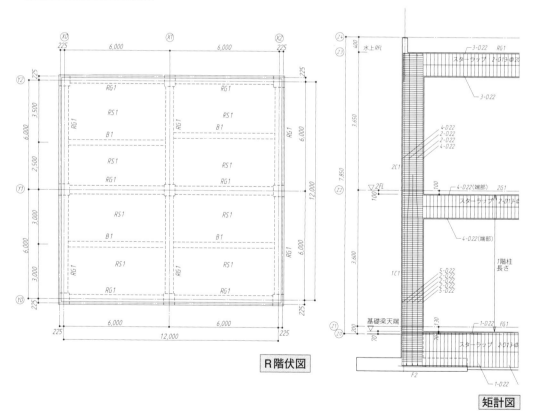

R階伏図

矩計図

### ◇演習６◇ 躯体数量の算出（床板）

R階床板（スラブ）RS1，8箇所のコンクリート・型枠・鉄筋数量を計測せよ。

R階床板 RS1

　長さ（$\ell_x$）＝5.70 m

　幅（$\ell_y$）　＝2.75 m

　厚さ（$t$）　＝0.15 m

**床板リスト**

| 符 号 | 板 厚 | 位 置 | 短 辺 方 向 | 長 辺 方 向 |
|---|---|---|---|---|
| RS1 | 150 | 上端筋 | D10-@200 | D10-@200 |
| | | 下端筋 | D10-@200 | D10-@200 |

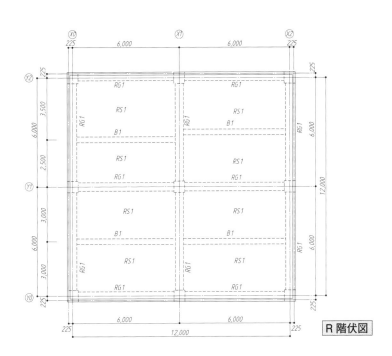

R階伏図

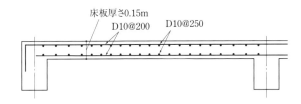

床板厚さ0.15m
D10@200　D10@250

## ◇演習7◇ 躯体数量の算出（壁）

1階壁EW18およびW15（①〜④部分）のコンクリート・型枠・鉄筋数量を計測せよ。

| 1階壁（EW18） | 1階壁（W15） |
|---|---|
| ・長さ（ℓ）＝5.40 m | ・長さ（ℓ）＝5.40 m |
| ・高さ（h）＝2.88 m | ・高さ（h）＝2.88 m |
| ・壁厚さ（t）＝0.18 m | ・壁厚さ（t）＝0.15 m |
| ・AW2＝1.195 m×0.800 m | ・AW3＝0.80 m×1.10 m |
| ・WD1＝1.200 m×2.000 m | ・AD1＝1.20 m×2.00 m |

**壁リスト**

| 符号 | EW18 | W15 |
|---|---|---|
| 断面 | 180 | 150 |
| 縦筋 | D10-@150（ダブル） | D10-@100（シングル） |
| 横筋 | D10-@150（ダブル） | D10-@100（シングル） |
| 開口補強 縦筋 | 1-D16 | 1-D13 |
| 開口補強 横筋 | 1-D16 | 1-D13 |
| 開口補強 斜筋 | 1-D13 | 1-D13 |

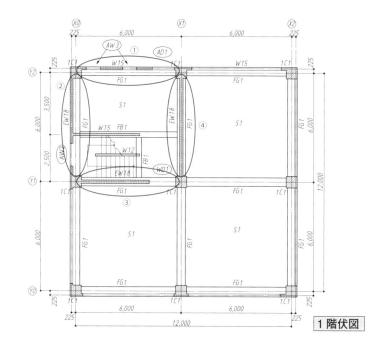

**1階伏図**

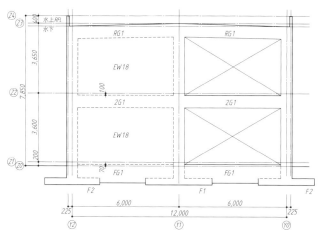

**X1通り軸組図**

◇**演習8**◇ **躯体数量の算出（壁）**

2 階壁 EW18 および W15（①～⑤の部分）のコンクリート・型枠・鉄筋数量を計測せよ。

| 2 階壁（EW18） |
| --- |
| ・長さ（ℓ） ＝5.40 m |
| ・高さ（h） ＝2.95 m |
| ・壁厚さ（t）＝0.18 m |
| ・AW2＝1.195 m×0.800 m |
| ・WD1＝1.200 m×2.000 m |

| 2 階壁（W15） |
| --- |
| ・長さ（ℓ） ＝5.40 m |
| ・高さ（h） ＝2.95 m |
| ・壁厚さ（t） ＝0.15 m |
| ・AW3＝0.80 m×1.10 m |
| ・AW4＝0.80 m×1.60 m |

**壁リスト**

| 符 号 | EW18 | W15 |
| --- | --- | --- |
| 断 面 | 180 | 150 |
| 縦 筋 | D10-@150(ダブル) | D10-@100(シングル) |
| 横 筋 | D10-@150(ダブル) | D10-@100(シングル) |
| 開口補強 縦筋 | 1-D16 | 1-D13 |
| 開口補強 横筋 | 1-D16 | 1-D13 |
| 開口補強 斜筋 | 1-D13 | 1-D13 |

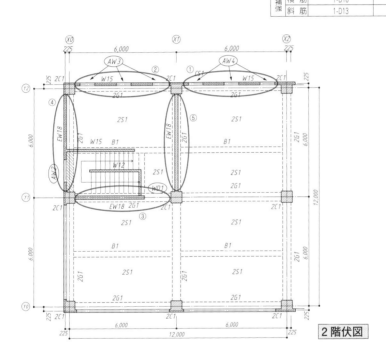

**2 階伏図**

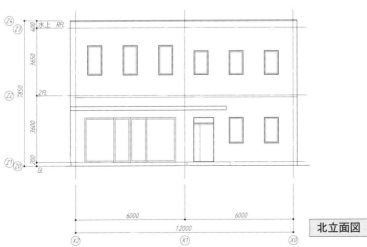

**北立面図**

# 躯体のまとめ

## 1. 躯体の集計表

躯体の積算作業のまとめとして，各細目ごとに算出した数量積算結果を集計表にまとめる。

表2・23　鉄筋コンクリート造建物モデル建築工事躯体数量の集計表

| 部位 | | 記号 | コンクリート(m³) | | 型枠(m²) | 鉄筋（m） | | | | |
|---|---|---|---|---|---|---|---|---|---|---|
| | | | | | | D10 | D13 | D16 | D19 | D22 |
| 基礎躯体 | 基礎 | F1 | p.75より | 4.54 | 5.04 | | | | 322.64 | |
| | | F2 | p.112より | 12.60 | 16.08 | | | | 932.48 | |
| | | F3 | p.112より | 8.76 | 14.00 | | | | 678.08 | |
| | 基礎梁 | FG1イ | p.85より | 9.23 | 41.04 | 56.28 | 500.64 | | | 320.12 |
| | | FG1ロ | p.113より | 19.02 | 84.72 | 112.56 | 1,001.28 | | | 640.24 |
| | | FB1ハ | p.114より | 1.17 | 7.77 | 100.32 | | | 57.14 | |
| | | FB1ニ | p.114より | 0.44 | 2.99 | 41.58 | | | 30.74 | |
| | 基礎柱 | FC1 | p.79より | 2.27 | 15.12 | 32.40 | 172.80 | | | 172.80 |
| | 基礎小計 | | | 58.03 | 186.76 | 343.14 | 1,674.72 | | 2,021.08 | 1,133.16 |
| 地上躯体 | 柱 | 1C1 | p.91より | 11.76 | 78.41 | 75.60 | 777.60 | | | 534.60 |
| | | 2C1 | p.115より | 12.15 | 81.00 | 86.40 | 799.20 | | | 434.16 |
| | 大梁 | 2G1 | p.97より | 16.85 | 97.20 | 164.64 | 705.60 | | | 572.16 |
| | | RG1 | p.116より | 16.85 | 97.20 | 164.64 | 705.60 | | | 561.96 |
| | 小梁 | 2B1 | p.99より | 4.10 | 27.36 | 270.48 | | | 172.64 | |
| | | RB1 | p.99より | 4.10 | 27.36 | 270.48 | | | 172.64 | |
| | スラブ | 2S1 | p.105より | 17.26 | 115.09 | 2,956.20 | | | | |
| | | RS1 | p.117より | 18.47 | 123.14 | 3,144.00 | | | | |
| | 壁 | 1F | p.118より | 10.04 | 116.46 | 2,036.88 | 62.64 | 36.32 | | |
| | | 2F | p.119より | 11.83 | 139.62 | 2,290.02 | 84.04 | 36.32 | | |
| | 地上小計 | | | 123.41 | 902.84 | 11,469.34 | 3,134.68 | 72.64 | 345.28 | 2,102.88 |

＊上記躯体数量は，下記の躯体部分を除く。
・土間コン
・階段室部分躯体
・壁，その他
・パラペット等

| ＊鉄筋の長さを重さに換算 | (D10) ＊0.560 | (D13) ＊0.995 | (D16) ＊1.56 | (D19) ＊2.25 | (D22) ＊3.04 | 合計(kg) | 合計(t) |
|---|---|---|---|---|---|---|---|
| ・基礎鉄筋(kg) | 192.16 | 1,666.35 | － | 4,547.43 | 3,444.81 | 9,850.74 | 9.85 |
| ・地上鉄筋(kg) | 6,417.23 | 3,119.01 | 113.32 | 776.88 | 6,392.76 | 16,819.19 | 16.2 |

※鉄筋の算出長さ数量（m）を質量（重さ）に換算する場合は，下の表2・24に示す鉄筋の単位質量表を用い，kgで換算・集計したのち，次頁の表2・25の躯体積算細目内訳書の該当部位の鉄筋細目に，t（重量トン）で計上する。

表2・24　鉄筋の単位質量表

（a）異形棒鋼の単位質量表（kg/m）

| 呼び名 | D10 | D13 | D16 | D19 | D22 | D25 | D29 | D32 |
|---|---|---|---|---|---|---|---|---|
| 質量 | 0.560 | 0.995 | 1.56 | 2.25 | 3.04 | 3.98 | 5.04 | 6.23 |

（b）丸鋼の単位質量表（kg/m）

| φ(mm) | 9 | 12 | 16 | 19 | 22 | 25 | 28 | 32 |
|---|---|---|---|---|---|---|---|---|
| 質量 | 0.499 | 0.888 | 1.58 | 2.23 | 2.98 | 3.85 | 4.83 | 6.31 |

## 2. 躯体の内訳書の作成

　本建物事例の設計図面から積算した躯体の各数量を集計し，工事別に下記の内訳明細書にまとめる。この数量内訳書に単価を入れて，建物の工事費合計金額が算出できる。これが積算業務の最終的な目的となる。

表 2・25　躯体積算細目内訳書の作成

| 名　　　　　　　　　　称 | 規格・仕様 | 数量 | 単位 | 単価 | 金　　額 | 備考 |
|---|---|---|---|---|---|---|
| 4. 躯　　　　　　　　体 | | | | | | |
| 4.1 基　礎　躯　体 | | | | | | |
| 4.1.1 鉄　　　　　　筋 | | | | | | |
| 　　異　形　鉄　筋 | SD295A | 9.9 | t | 62,000 | 613,800 | |
| 　　鉄　筋　加　工　組　立 | | 9.9 | t | 40,000 | 396,000 | |
| 　　鉄　筋　運　搬　費 | | 9.9 | t | 5,500 | 54,450 | |
| 　　鉄　筋　ガ　ス　圧　接 | | 1 | 式 | 100,000 | 100,000 | |
| 4.1.2 コ　ン　ク　リ　ー　ト | | | | | | |
| 　　基礎コンクリート | Fc21+3N. S18　材工共 | 58.0 | m³ | 13,400 | 777,200 | |
| 　　コンクリート打設手間 | | 58.0 | m³ | 550 | 31,900 | |
| 　　ポ　ン　プ　圧　送 | | 1 | 式 | 250,000 | 250,000 | |
| 4.1.3 型　　　　　　枠 | | | | | | |
| 　　普　通　型　枠 | 材工共 | 187 | m² | 4,100 | 766,700 | |
| 　　型　枠　運　搬 | | 187 | m² | 250 | 46,750 | |
| 4.1 基　礎　躯　体　計 | | | | | 3,036,800 | |
| 4.2 上　部　躯　体 | | | | | | |
| 4.2.1 鉄　　　　　　筋 | | | | | | |
| 　　異　形　鉄　筋 | SD295A | 16.8 | t | 62,000 | 1,041,600 | |
| 　　鉄　筋　加　工　組　立 | | 16.8 | t | 40,000 | 672,000 | |
| 　　鉄　筋　運　搬　費 | | 16.8 | t | 5,500 | 92,400 | |
| 　　鉄　筋　ガ　ス　圧　接 | | 1 | 式 | 300,000 | 300,000 | |
| 4.2.2 コ　ン　ク　リ　ー　ト | | | | | | |
| 　　上部躯体コンクリート | Fc21+3N. S18 | 123 | m³ | 13,000 | 1,599,000 | |
| 　　コンクリート打設手間 | | 123 | m³ | 550 | 67,650 | |
| 　　ポ　ン　プ　圧　接 | | 1 | 式 | 850,000 | 850,000 | |
| 4.2.3 型　　　　　　枠 | | | | | | |
| 　　普　通　型　枠 | 材工共 | 903 | m² | 5,300 | 4,785,900 | |
| 　　型　枠　運　搬 | | 903 | m² | 250 | 225,750 | |
| 4.2 上　部　躯　体　計 | | | | | 9,634,300 | |
| 4. 躯　体　合　計 | | | | | 12,671,100 | |

# 2.5　仕上げ

## 2.5.1　仕上げとは

　建物は，躯体が完成した時点で全体の骨組みが出来上がる。仕上げとは，その骨組みの上に建物の内部・外部の目に見える部分，例えば，床，壁，天井などを造る建築工事の最後の工程のことをいう。

　仕上げには，建物躯体や準躯体（間仕切り）の表面の保護，意匠，装飾などの役割をするタイルや塗装などの仕上材料と，建物に付属する，幅木や回り縁，手すりなどの部品，器具がある。

## 2.5.2　仕上げの区分と構成

### （1）　区分

　仕上げの数量積算は，図2・96に示す仕上げ区分ごとに計測・計算する。

　壁の場合，仕上げは，まず間仕切り下地と仕上げとに区分し，さらに建物の内外を仕切る面を境として，内部仕上げと外部仕上げに区分する。

　外部仕上げと内部仕上げとの区分は，対象とする部位が外気に触れているかどうかで判断する。

　通常，仕上げ表に基づき，各部分の使用する材料（材種・厚さなどの規格）ごとに，部屋種別，そして部位別に区別した数量拾いを行う。

**図2・96　壁の仕上げ区分**

### （2）　構成

　仕上げは，図2・97のとおり，表面仕上げから下地に至るまでいくつかの材料の組合せにより構成されている。

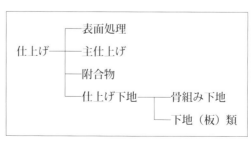

**図2・97　仕上げの構成**

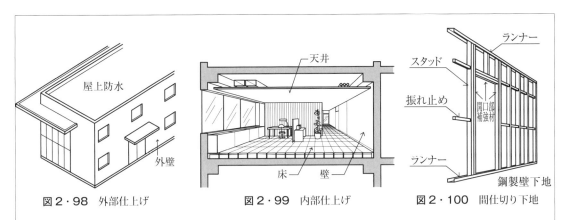

図2・98 外部仕上げ  図2・99 内部仕上げ  図2・100 間仕切り下地

表2・26 仕上げの区分

| ・間仕切り下地（準躯体） | 建物の躯体で囲まれた空間を各部分（室）に仕切る壁の骨組下地<br>…　軽量鉄骨下地，木軸下地，コンクリートブロック，その他 |
|---|---|
| ・外部仕上げ | 建物の直接外気に接する部分（屋根，外壁など）と，土に接する部分<br>（地下階の外防水）<br>…　屋根，外壁，外部開口部，外部天井，外部雑 |
| ・内部仕上げ | 建物の骨組（躯体または間仕切り下地の表面の内部仕上げ部分）<br>…　内部床，内壁，内部開口部，内部天井，内部雑 |

図2・101 仕上げの区分

表2・27 部位別合成価格の構成

① 表面処理 —— 塗る，貼るなどの仕上げ表面の加工
　　　　　　　…塗装，吹付け，壁紙，クロス貼りなど
② 主仕上げ —— 仕上げ表層面をいう（ただし表面処理を除く）。
　　　　　　　…タイル貼り，石貼り，カーペート貼り，石こうボードなど
③ 附合物 　—— 主仕上げに伴って必要となる材料，製品，等
　　　　　　　…手すり，幅木，回り縁，ボーダー，目地，ノンスリップなど
④ 仕上げ下地 —主仕上げと躯体または準躯体との中間層をいう。
　・骨組み下地 —床・天井の骨組み下地（床は根太まで・天井は野縁までをいう。）
　　　　　　　…床下地組，天井下地組など
　・下地（板）類—仕上げ下地のうち骨組み下地に属さないもの
　　　　　　　…下地板，下地モルタル，壁胴縁など
　　　　　　　※断熱材は下地として扱う。

## 2.5.3　仕上げ数量の計測・計算の共通事項

　仕上げ数量の計測・計算については，外部仕上げ，内部仕上げとも共通である。

### （1）　仕上げの数量積算方法と内訳書

　工事内訳書には，工種別と部分別の書式があるが，仕上げ数量の計測・計算は，まず部分別に下地から表面処理までを一括して計測・計算する合成拾いで行う。合成拾いとは，例えば床仕上げの拾いを例にとると，モルタル下地塗りから表面の長尺シート床仕上げまでを一括して積算する方法である。

　積算した仕上げ数量を内訳書にまとめる際にも，合成拾いは，工種別と部分別のどちらの内訳書にも対応可能であり，仕上げの数量積算方法の基本となっている。

### （2）　仕上げの計測・計算対象

　仕上げは，表面処理，主仕上げ，附合物，仕上げ下地の組合せにより区分し，一括した合成計測・計算とする。その時の計測・計算の対象は主仕上げとする。

### （3）　主仕上げの数量算出

　主仕上げの数量算出の基本は，躯体の設計寸法を用いて計測・計算した面積とする。ただし，下記の内容や条件の場合については，該当しない。

> ①　開口部による欠除
> 　建具などの開口部の面積が1箇所当たり0.5 m² 以下は，主仕上げ面積の欠除はないものとし，当該部分の面積を差し引く必要はない。（図2・103）
> ②　天井高さの計測
> 　天井の高さについては，躯体寸法ではなく，主仕上げの設計寸法（図面の天井高）の天井高さとする。（図2・104）
> ③　仕上げ厚さ／凹凸仕上げの計測
> 　仕上げ厚さ（仕上げ代）や凹凸のある仕上げ・幅木などが0.05 mを超える時は，その主仕上げの表面の寸法で計測する。（図2・105）

## 2.5.4　外部仕上げの計測・計算方法

### （1）　外壁仕上げの区分

　外部仕上げは，主として屋根，外壁など直接外部に接する部分の表面仕上げをいい，その区分は，屋根，外部床，外壁，外部開口部，外部天井，外部雑に分けられる。（図2・106）

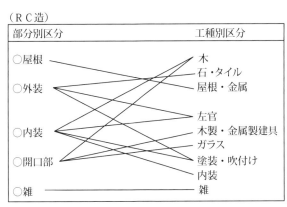

図2・102 部分別と工種別区分

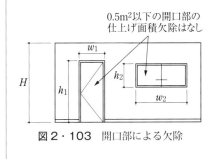

図2・103 開口部による欠除

図2・104 天井高の計測

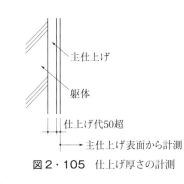

図2・105 仕上げ厚さの計測

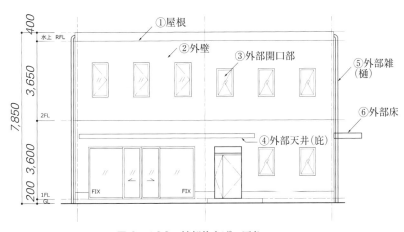

図2・106 外部仕上げの区分

## （1） 外部仕上げの区分

① 屋根・外部床…屋根は建物外部の上面をいい，外部床は，外部階段床，ポーチ，犬走りのような外部の見下ろし面をいう。

② 外壁…建物外部の側面をいう。独立柱，壁付柱，壁付梁，開口部周辺の見込み部分，パラペット笠木，手すり笠木，外部階段のささら面なども外壁に属する。ただし，開口部を除く。

③ 外部開口部…外部に接する窓や出入口ドアなどの建具および開口部枠などをいい，シャッターなども含まれる。また，額縁，窓台，沓摺り（くつずり）なども外部開口部に属する。

④ 外部天井…建物外部の見上げ面をいい，庇，バルコニーなどの見上げ面，ポーチ，車寄せの天井面，そして階段の段裏なども外部天井に属する。

⑤ 外部雑…外部雑とは，建物外部の各部分に付属する部品，器具，金物などをさす。
　この項目は，ルーフドレン，樋，エキスパンションジョイント，手すり，面格子，避難器具，タラップ，マンホールカバーなどがある。それぞれ取り付け場所を明記して計上する。

## 2.5.5 内部仕上げの計測・計算方法

### （1） 内部仕上げの区分

　内部仕上げは，主として内部床，壁など建物内部部分の表面仕上げをいい，内部床，内壁，内部開口部，内部天井，内部雑に区分される。（図2・107）

①内部床…室内の見下ろし面をいう。また0.3m位までの立上りや床段違い側面，階段床や蹴込みなども内部床に属するが，工事手間が異なり単価も違うので一般の内部床とは区別して計上する。

②内壁…室内の垂直面をいい，幅木（はばき），壁，柱型（はしらがた），梁型（はりがた）などに区分される。また，手すり笠木，ピクチャーレール（画桟）なども，内壁に属する。

③内部開口部…建物内部のドアなどの建具や枠類などをいい，建具周りの膳板（ぜんいた），沓摺り（くつずり）なども，内部開口部に属する。

④内部天井…室内の見上げ面をいい，一般天井，下がり天井の側面，独立梁型，階段の段裏などに区分される。天井回り縁なども天井に属する。

⑤内部雑…内部雑とは，仕上げユニット製品（バス・キッチン），家具・備品など，室内各部分に付属する製品，器具，金物などをさす。
　この項目は，それぞれ取付け場所を明記して計上する。また，各項目内の塗装などの表面処理や金物，ガラス，石などを含めた合成品として取り扱い，現場取付け費も含む。

### （2） 内部仕上げ計測・計算の留意点

　内部仕上げの計測・計算は，部屋数が多く，細かく拾う項目および仕上げ種類も多いので，通常多くの時間を要する。したがって，いかに早く，かつ正確に数量を算出するかが，重要なポイントとなる。

　下記に，内部仕上げ数量の効率的な計測・計算を進めていくための要点をあげる。

① 数量拾いの計測および計算書を合理的に作成して能率の向上を図り，ミスをなくす。
② 同一の計測・計算の結果を可能な限り，繰り返し利用する。
③ 仕上げの材料名などは，略語・記号を用いて時間の短縮を図る。
④ 仕上げの拾いは，減算方法を原則とする。
⑤ 下地から表面仕上げまで，一括した合成拾いとする。

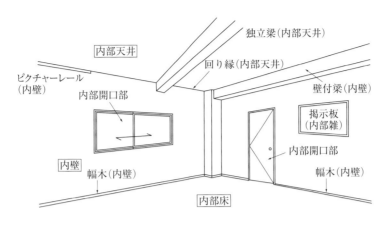

図2・107 内部仕上げの区分

図2・108 天井仕上げ

図2・109 タイルカーペット貼り

**例題 1**　**屋根仕上げ数量の算出**

RC 造の事務所建物の事例に基づいて，屋根仕上げの数量計測・計算を行う。

- ・屋根床　　　　：露出アスファルト防水，断熱材（*t*＝30 mm）下地
- ・立上り　　　　：コンクリート打放し下地，露出アスファルト防水，乾式保護材，
- ・パラペット笠木：アルミ笠木

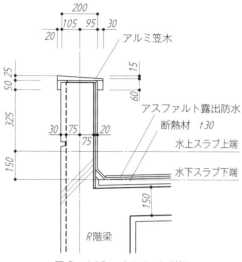

図2・110　パラペット詳細

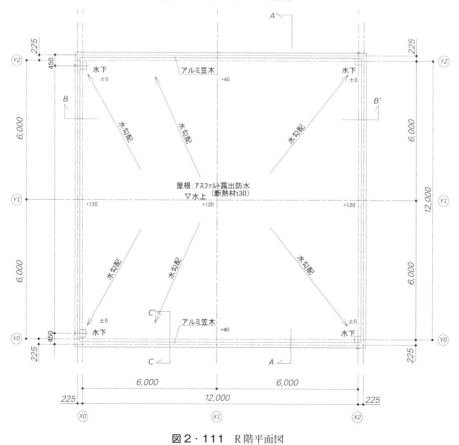

図2・111　R階平面図

┌─ 計測のポイント ─
① 屋根は，床，立上り，パラペット笠木，その他の各部分に区分して計測する。

## 【屋根仕上数量の算出例】

1) 屋根床

床部分の $X$, $Y$ 方向の基本寸法は，パラペット躯体の内法長さとなる。

　　　$_xL$ 方向：$12.00+(0.225-0.075)\times2=12.30$ m

　　　$_yL$ 方向：$12.00+(0.225-0.075)\times2=12.30$ m

・屋根床露出アスファルト防水仕上げ面積＝$_xL\times_yL=12.30\times12.30=151.29$ m$^2$

・床断熱材（t＝30 mm）下地面積も同上→ 151.29 m$^2$

2) 立上り

①立上り・コンクリート打放し，アスファルト防水，乾式保護材

　　立上りは部位としては壁に属する。この立上り部分の基本寸法は，パラペット躯体の内法（壁4周）延べ長さ×高さで計測する。

　　　　長さ：立上り4周の延べ長さ＝$(_xL+_yL)\times2=(12.30+12.30)\times2=49.20$ m

　　　　高さ：屋根床躯体上面からパラペット躯体の寸法

　　　　　　　$h=0.15+0.325=0.475\fallingdotseq0.48$ m

・立上り・コンクリート打放し，露出アスファルト防水，乾式保護材面積＝$(_xL+_yL)\times2\times h$

　＝$49.20\times0.48=23.62$ m$^2$

②　立上り・コーナーモルタル

　　床と立上り部分のコーナーモルタルの延べ長さを計上する。

・立上り・コーナーモルタル延べ長さ＝$(_xL+_yL)\times2=(12.30+12.30)\times2=49.20$ m

3) パラペットアルミ笠木

パラペットのアルミ笠木の数量は，笠木の中心の延べ長さである。

つまり，$_xL$ 方向：$12.00+(0.225\times2)=12.45$ m　$_yL$ 方向：同様に 12.45 m

・延べ長さは，$(_xL+_yL)\times2=(12.45+12.45)\times2=49.80$ m

またコーナーがあるときは，コーナー役物の箇所数を計上する。

4) その他

屋根部分の計測の最後に，ルーフドレン，吊り環，屋根部分に付属する部品，器具，金物などを計測する。

例題2　内部仕上各部分の数量の算出

　事務所建物事例に基づいて，1階部分のエントランス／事務室の内部仕上げの数量計測・計算を行う。

### モデル建物のエントランス／事務室

（エントランス／事務室仕上表）
- ・床　　　：複合フローリング（$t=15\,mm$），セルフレベリング（$t=10\,mm$）
- ・幅木　　：ソフト幅木（$h=60\,mm$）
- ・壁　　　：ビニールクロス貼り，石膏ボード貼り（$t=12.5\,mm$），断熱材・発泡ウレタン（$t=30.0\,mm$）
- ・天井　　：化粧石膏ボード貼り，（$t=12.5\,mm$），LGS（軽鉄）下地
- ・天井回り縁：塩ビ製

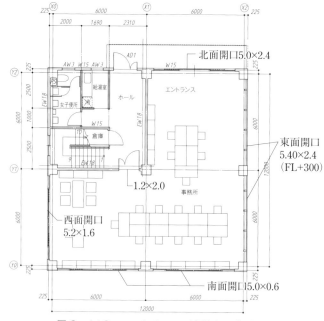

**図2・112　エントランス／事務室1階平面図**

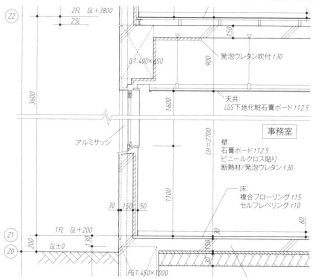

> ┌─ 計測のポイント ─┐
>
> ① 床，壁，天井等の各内部仕上げは，下地から表面仕上げまでを一括した合成拾いとする。
>
> ② 建具等の開口部の面積が1箇所当たり0.5 m² 以下の場合は，内壁仕上げ面積を差し引かない。
>
> ③ 床，天井における柱の小口，壁における梁の小口などの取り合い部分の面積が1箇所当たり 0.5 m² 以下は欠除しない。

## 【(1) 内部仕上げ数量の計測・計算】

① 床

事務室部分の内部仕上げ床面積は，原則として躯体または準躯体の内法寸法で計測する。

床の $X$，$Y$ 方向の内法基本寸法は，

$_xL$ 方向：$X = 12.00 + (0.225 - 0.075) \times 2 = 12.30$ m

$_yL$ 方向：$Y = 12.00 + (0.225 - 0.075) \times 2 = 12.30$ m

1階床面積は，$A = X \times Y$

事務室床面積は，上記面積から北西部（ホール，階段室，女子便所，給湯室等）の面積を差し引く必要がある。

$_xL$ 方向：$x' = 6.00 + 0.225 - 0.075 + 0.075 = 6.23$ m

$_yL$ 方向：同様に $y' = 6.23$ m

・事務室の床仕上げ材の複合フローリング（$t = 15$ mm）およびセルフレベリング（$t = 10$ mm）の
床面積 $= (X \times Y) - (x' \times y') = (12.30 \times 12.30) - (6.23 \times 6.23) = 112.48$ m²

（なお，事務室内に柱が8箇所あるが，当該柱部分の1箇所当たりの床面積は最大でも $0.60 \times 0.60 = 0.36$ m² と，いずれも 0.5 m² 以下であり，主仕上げ床面積の欠除はない。）

② 幅木

幅木の基本寸法は，原則として躯体または準躯体の内法寸法の合計長さから，エントランス・出入口部分の開口長さを除いて算出する。

・ソフト幅木（$h = 60$ mm）長さ $L = (_xL + _yL) \times 2$ －（北側エントランス＋北面出入口戸）＋
（柱型A部）$a'$，2箇所＋（柱型B部）$a$，$a'$部＋（柱型C部）$a$，4箇所 $= (12.30 + 12.30) \times 2$
$- (5.00 + 1.20) + 0.21 \times 2 + 0.21 + 0.21 + 0.45 \times 4 = 45.64$ m

③ 壁

内壁面積は，室内垂直総面積－開口部で算出する。

$WA = (_xL + _yL) \times 2 \times H - [(w1 \times h1) + (w2 \times h2) + (w3 \times h3) + (w4 \times h4) + (幅木長さ \times h)]$

$_xL$ 方向：12.30 m　$_yL$ 方向：12.30 m　天井高さ：$H = 2.70$ m

事務室内の各展開方位の開口部（$w \times h$）の面積は，以下のとおりである。

（北面）$5.00 \times 2.40 = 12.00$ m²　　　　　（東面）$(5.40 \times 2.40) \times 2 = 25.92$ m²

（南面）$(5.00 \times 0.60) \times 2 = 6.00$ m²　　（西面）$5.20 \times 1.60 = 8.32$ m²

（北面出入口）$1.2 \times 2.0 = 2.40$ m²

幅木部分面積：（幅木延べ長さ）×（幅木高さ）$= 45.64$ m $\times 0.06$ m $= 2.74$ m²

・ビニールクロス貼り，石膏ボード貼り（$t=12.5$ mm），断熱材・発泡ウレタン（$t=30.0$ mm）内壁仕上げ面積は，以下のとおりである。

内壁面積＝{(12.30＋12.30)×2×2.70}　－(12.00＋25.92＋6.00＋8.32＋2.40＋2.74)＝75.46 m²

（北面開口）(東面開口)(南面開口)(西面開口)(北面出入口)(幅木)

④　天井面積

天井仕上げ面積の基本的寸法は，p.131の床面積の計測で既出。

・天井仕上げ面積：化粧石膏ボード貼り（$t=12.5$ mm），LGS（軽鉄）下地の面積CA＝$(X\times Y)-(x'\times y')=112.48$ m²。

（なお，柱型，天井照明ボックス，点検口は，いずれも1箇所当たりの面積が0.5 m²以下なので欠除の対象とならない。）

⑤　天井回り縁

天井回り縁の基本寸法は，②の幅木と同様，原則として躯体または準躯体の内法寸法の合計長さである。

したがって，天井回り縁延べ長さ $L=(_xL+_yL)\times2+$（柱型A部）$a'$，2箇所＋（柱型B部）$a$，$a'$部＋（柱型C部）$a$，4箇所＝(12.30＋12.30)×2＋0.21×2＋0.21＋0.21＋0.45×4＝51.84 m

ただし，カーテンボックス廻り部分は不要なので，その分を差し引く必要がある。

カーテンボックス長さ＝（北面)5.00＋（東面)5.40×2＋（南面)5.00×2＋（西面)5.20＝31.00 m

・天井回り縁長さ＝51.84 m－31.00 m＝20.84 m

## 【(2)　内部仕上げ内訳書の作成例】

上記（1）で算出したモデル建物1階のエントランス／事務室部分の内部仕上げ各項目の計測・計算結果の集計値を部分別内訳書の書式にまとめると，表2・28ようになる。

表2・28　内部仕上げ（1Fエントランス・事務室）／部分別内訳書記載例

| 名　称 | 摘　要 | 数量 | 単位 | 単価 | 金額 | 備考 |
|---|---|---|---|---|---|---|
| 5. 内部仕上げ<br>5.1　内部床<br>（5.1.5　木材仕上げ）<br>複合フローリング | （$t=15$ mm）セルフレベリング（$t=10$ mm）とも | 112.0 | m² | × | × | |
| 5.2　内壁<br>（5.2.10　内外装材仕上げ）<br>ソフト幅木 | $h=60$ | 45.6 | m | × | × | |
| ビニールクロス | 石膏ボード（$t=12.5$ mm），下地とも | 75.5 | m² | × | × | |
| 断熱材・発泡ウレタン（$t=30$ mm） | | 75.5 | m² | × | × | |
| 5.4　内部天井<br>（5.4.9　内外装材仕上）<br>化粧石膏ボード | $t=12.5$ mm，軽鉄下地とも | 112.0 | m² | × | × | |
| 塩ビ回り縁 | | 20.8 | m | × | × | |

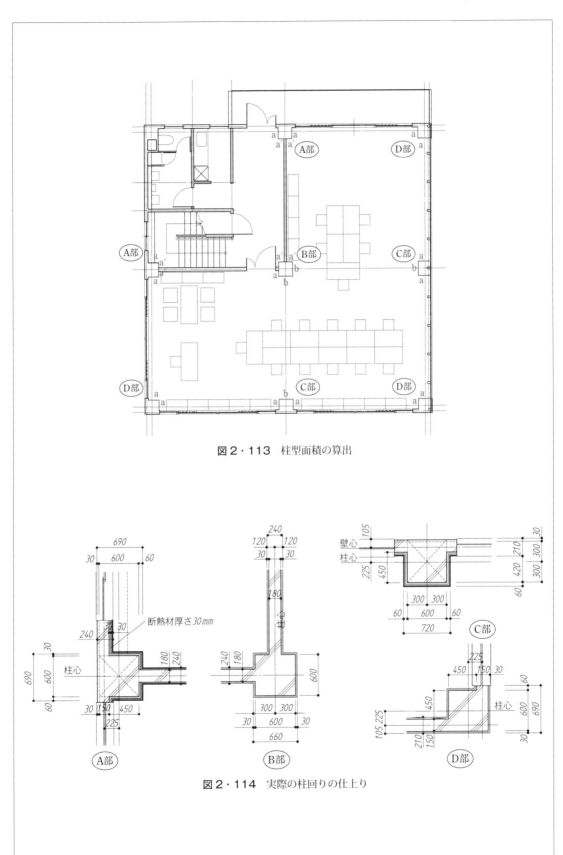

図2・113 柱型面積の算出

図2・114 実際の柱回りの仕上り

# 2.6 設備

## 2.6.1 設備とは

　建物には，躯体や仕上げなどの建築工事の他に，建物内で快適に過ごすための照明や空調などのさまざまな機能が求められている。その役割を果たすために，電気や空調，あるいは給排水のための装置や機器などがあり，これらを総称して**設備**という。

　建築の積算は，大きく建築と設備に分けて行われる。そして，建築担当者と設備担当者がそれぞれの区分や積算を行い，まとめは通常，建築担当者が行っている。しかし，設備の積算については，その積算手法が建築と異なること，また設備の技術的な理解も含め，建築担当者が，設備の積算について理解が十分でないケースも少なくない。

　一方，近年は建物の装置化・高度化が進み，建築費総額に占める設備の割合は，ますます大きくなってきており，その重要性が増している。また設備は，躯体や仕上げなどの建築に比べ，通常，耐用年数が短く，故障，取替の頻度が高く，早期の修理・交換が必要となる。さらに，電気照明や空調等の光熱費（エネルギー費用）の運用費用にもつながっている。このように設備は，建設工事費用およびランニングコストに深く関連する。したがって，建物のライフサイクルコスト（LCC）の観点から，イニシャルコストである建設工事費のみならず，建物完成後の修繕や保守あるいは運用管理にかかる費用も事前に考えておくことが，極めて大事である。

## 2.6.2 設備の区分と構成

### （1）区分

　設備は，大きく電気設備，機械設備，昇降設備の3つに分けられる。

### a）電気設備

　電気設備はさらに，照明器具や電気を送るケーブル配線などの電力設備，電話やインターホンといった通信・情報設備に分類できる。

### b）機械設備

　機械設備は空調設備，給排水設備とに分けられる。

　空調設備とは，室内で快適に過ごすために，新鮮な空気を届け，汚れた空気を排出する設備やダクト，冷暖房や換気設備のことで，さらには火災時の排煙設備などがある。

　給排水設備には，建物利用者が衛生的に生活や仕事を営むための設備で，トイレの便器や水栓といった衛生器具，水やお湯を送るための設備や配管，使用した後の排水設備や配管などがある。

### c）昇降設備

　昇降設備には，建物内における人，物などを運送する設備で，エレベーター，エスカレーター，小荷物専用昇降機（例えば，ホテルにおける配膳用のエレベーターなど）がある。

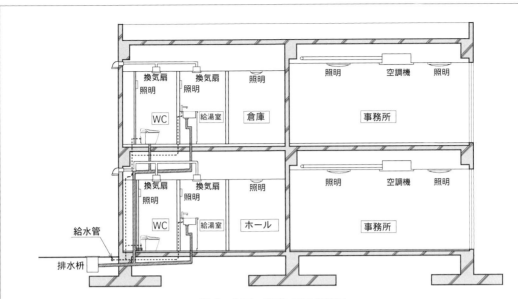

**図2・115 設備工事の概略図**

| 記号 | 名 称 |
|---|---|
| A | 共 通 仮 設 工 事 |
| B | 建 築 工 事 |
| C | 設 備 工 事 |
| D | 外 構 附 帯 工 事 |
| E | 諸 経 費 |
| | |

→

| 記号 | 名 称 |
|---|---|
| C | 設 備 工 事 |
| | |
| 1 | 電 気 設 備 工 事 |
| 2 | 機 械 設 備 工 事 |
| 3 | 昇 降 設 備 工 事 |

**図2・116 建築費・設備費用の構成**

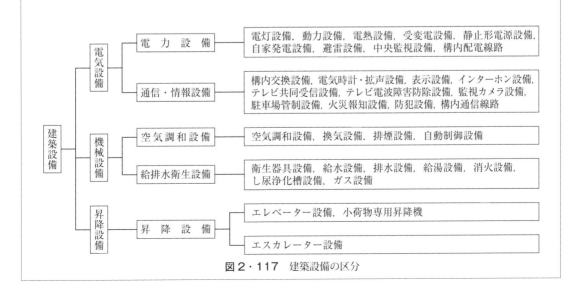

**図2・117 建築設備の区分**

**(2) 設備積算の構成**

　建築の積算は，材料費と工費を合わせた「**複合単価**」で計上するのに対し，設備の積算は，通常，材料費とその取付けに要する工費を別に計上する「**材工分離明細**」により行われる。

## 2.6.3　設備数量の計測・計算の共通事項

　主設備の数量算出の基本は，設計寸法を用いて計測・計算した数量（長さ，箇所数，個数，本数）とする。ただし，一般にケーブル配管は，天井裏やピット部分に敷設されている。したがって，室内に設置する器具に接続するには，平面図では読めない縦方向の材料が必要となる。

## 2.6.4　設備積算の費用計上項目

　設備の細目は，A材，B材と呼ばれる材料費，および電工費，断熱材など一式物と呼ばれる費用の3種類に分類して計上する。

A　材：照明器具，衛生器具，空調機などの機器機材のことをいい，通常，台数，面などで計測されるものが多い。

　　　　A材の単価については，物件ごとに必要となる容量や仕様が異なる。したがって，メーカーや代理店より定価・設計見積もり単価を徴収し，実勢価格を考慮した率により単価を設定している。

B　材：A材が物件ごとに見積もり単価を徴収して値入れするのに対し，電線，配管，ダクトなどの資材であるB材は規格化されており，長さ，個数などで計測する。

　　　　B材の単価については，刊行物の価格などであらかじめ決めた単価を計上している。

一式物：電工，ダクト工など各工事費，場内運搬費・塗装費，配管断熱費等を，種目ごとに集計して一式計上する。

　　　　　※工費の考え方

　　　　　　工費＝工数（その工事に必要とされる人工数）×単価（職人の単価）

　　　　　　各部材・工事ごとに「歩掛り」と呼ばれる単位数量当たりの施工に必要な職人の人数が設定されており，それに部材数量を掛けることで各部材ごとの工数を算出，集計する。

　　　　　　この主要な工事の歩掛りについては，「公共建築工事積算基準」（国土交通省監修）に定義されている。

○建築単価の計上

(材料費) ＋ (工費) ＝ 複合単価

○設備単価の計上

(材料費 (A材とB材がある)) と (工費) とを 別計上

・材料費 { A材：機器機材 (照明器具，衛生器具，空調機など)
B材：資材 (電線，配管，ダクトなど)

・一式物工費：電工，配管工，ダクト工など各工事費，運搬費，配管断熱費等

**図2・118** 設備積算の単価構成

**表2・29** 設備の積算細目事例

| 名 称 | 仕 様 | 員 数 | 単位 | 単価 | 金額 | 備考 |
|---|---|---|---|---|---|---|
| 〔電灯コンセント設備工事（例）〕 | | | | | | |
| | | | | | | |
| 照明器具埋込パネル | FHF 32W×2 | 7 | 台 | A材 | | |
| 照明器具 | FHF 32W×2 | 11 | 台 | | | |
| 器具支持材 | | 1.00 | 式 | | | |
| ビニル電線 | 1.6 mm | 48.00 | m | | | |
| ビニル電線 | 2.0 mm | 41.00 | m | | | |
| ねじ無し電線管 | 19 mm | 35.00 | m | | 材料費を計上 | |
| 同上附属品 | | 1.00 | 式 | | | |
| 同上支持材 | | 1.00 | 式 | B材 | | |
| アウトレットボックス | 四角中浅（浅44）カバー付 | 12.00 | 個 | | | |
| スイッチ | 新金属 プレート 1P×1 | 1.00 | 個 | | | |
| 接地材料 | | 1.00 | 式 | | | |
| 消耗品雑材 | | 1.00 | 式 | | | |
| 電工費 | | 1.00 | 式 | 一式物・工費計上 | | |
| 運搬費 | | 1.00 | 式 | | | |

| 名 称 | 仕 様 | 員 数 | 単位 | 単価（円） | 金額（円） | 備考 |
|---|---|---|---|---|---|---|
| 〔給水設備工事（例）〕 | | | | | | |
| | | | | | | |
| 受水槽 | WT-1 | 1.00 | 基 | A材 | | |
| 加圧給水ポンプ | WP-1 | 1.00 | 台 | | | |
| ハイインパクト塩化ビニール管 | HIVP20A | 15.00 | m | | | |
| ハイインパクト塩化ビニール管 | HIVP25A | 18.00 | m | | | |
| ハイインパクト塩化ビニール管 | HIVP32A | 10.00 | m | | | |
| ハイインパクト塩化ビニール管 | HIVP40A | 41.00 | m | | 材料費を計上 | |
| 同上継手類 | | 1.00 | 式 | B材 | | |
| 同上支持材料 | | 1.00 | 式 | | | |
| ゲート弁 | 40A JIS 10K | 1.00 | ケ | | | |
| ゲート弁 | 25A JIS 10K | 2.00 | ケ | | | |
| 消耗品雑材料 | | 1.00 | 式 | | | |
| 工費 | | 1.00 | 式 | | | |
| 孔明スリーブ補修費 | | 1.00 | 式 | 一式物・工費を計上 | | |
| 運搬費 | | 1.00 | 式 | | | |
| | 計 | | | | | |

土工 地業 躯体 仕上げ **設備** 仮設

# 2.7　仮設

## 2.7.1　仮設とは

　仮設とは，工事を円滑かつ効率的に行うために設ける，一時的な施設や設備などのことで，建物が完成したときには撤去されてしまう。仮設工事は，基本的に設計図には表現されていない。

　この仮設工事は，**足場**❶やクレーンなどをはじめ，工事計画に基づく工法・手順如何によってはコストだけでなく安全，品質，工程などにも直接的に大きな影響を与える。したがって，この仮設工事の計画や内容は，極めて重要な役割を担う。

　適切な仮設工事の積算を行うためには，何よりも適切な仮設工事計画が必要であり，契約条件や現地の調査に基づいたしっかりとした事前調査と，工事内容を検討して的確な施工計画につなげることが，大事な作業となる。

　仮設には，発注者から指定される**指定仮設**と，受注者の任意による**任意仮設**がある。我が国では，大規模工事や特殊工事を除くと，基本的には仮設のやり方を受注者に任せる任意仮設が多い。

## 2.7.2　仮設工事費の区分

　仮設工事は，共通仮設，直接仮設，そして工事別専用仮設の3種類に区分して計上する。

### （1）　共通仮設

　共通仮設とは，工事全体（複数の種目）に共通して利用する仮設工事で，工事現場事務所などの仮設建物や，工事用電力，照明・仮設給排水設備のような「種目」に共通する仮設工事をいう。

　具体的な項目を表2・30に示す。共通仮設費は，各工事種目に共通的に必要となる仮設に要する費用である。

　共通仮設費の中で工事比率の高い項目は，「動力用水光熱費」，「揚重機械器具費」，そして「仮設建物費」の3項目で，この3つで共通仮設費の過半を占めている。

### （2）　共通仮設費の算定

　共通仮設費の算定は，個別の共通仮設項目費用の積み上げによって算定するか，あるいは過去の実績等に基づく直接工事費に対する比率（以下「共通仮設費率」という。）により算定する。

　通常は，共通仮設費率により算定し，共通仮設費率に含まれない仮囲いや揚重機械の費用については，積み上げにより算定したものを加算している。

表 2・30　仮設工事の区分

| ① | 共通仮設 | 工事全体（複数の種目）に共通して利用する仮設工事<br>…**仮囲い❷**，動力用水光熱，揚重機械器具，仮設建物，試験・調査など |
| --- | --- | --- |
| ② | 直接仮設 | 建物を建設するために各工事で直接必要となる工事用の仮設<br>…外部足場，内部足場，**水盛遣り方❸**，墨出し，**養生❹**，**整理清掃❺**など |
| ③ | 工事用専用仮設 | 1つの工事科目で単独に必要な仮設<br>…工事用専用仮設（山留め支保工，法面養生，排水設備など），コンクリート足場，鉄骨足場など |

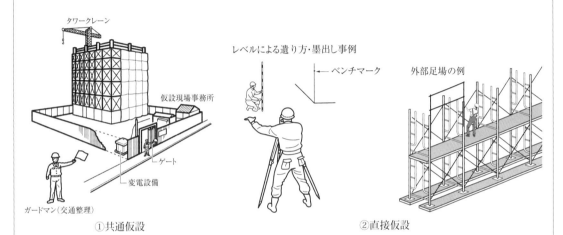

①共通仮設　　　　　　②直接仮設

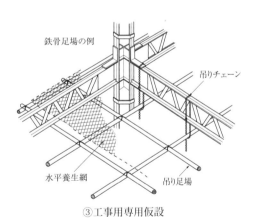

③工事用専用仮設

図 2・119　仮設工事の区分

## （3） 直接仮設

　直接仮設とは，墨出し・遣り方・足場など，建物を建設するために直接必要な工事用の仮設であり，前述の現場事務所，宿舎などの共通仮設と区別される。

　直接仮設は，「科目」に共通する仮設で，工事種目ごとにその費用を算出する。

　直接仮設の数量の算出方法は，外部足場など個別で計測・計算する項目と，水盛遣り方や墨出し，養生，整理清掃後片付け，内部足場など，仮設の設置対象数量を建築面積や延床面積とする項目がある。

## （4） 工事別専用仮設

　専用仮設とは，1つの工事科目で単独に必要な仮設であり，工事種目ごとの工事科目に属する。

　専用仮設には，土工専用仮設，コンクリート足場，鉄骨足場などがある。

　土工専用仮設には，山留め・支保工，法面養生，排水設備など，科目単独の仮設があり，数量は仮設図面から計測・計算する。

表2・31　仮設費の集計表

| 名　　　称 | 摘　　要 | 数　量 | 単位 | 単　価 | 金　額 | 備　考 |
|---|---|---|---|---|---|---|
| ・〔直接仮設〕 | | | | | | |
| 遣り方 | | 324.0 | m$^2$ | 150 | | |
| 墨出し | 現寸型枠とも | 324.0 | m$^2$ | 430 | | |
| 外部枠組足場 | W＝900　H＝10m未満　3ヶ月 | 390.0 | m$^2$ | 1,500 | | |
| 安全手すり | 枠組足場用　3ヶ月 | 53.8 | m | 1,000 | | |
| ネット状養生 | 垂直養生　3ヶ月 | 390.0 | m$^2$ | 350 | | |
| 内部脚立足場 | 並列　1ヶ月 | 390.0 | m$^2$ | 550 | | |
| 養　生 | | 390.0 | m$^2$ | 240 | | |
| 清掃後片付け | 竣工時清掃とも | 390.0 | m$^2$ | 700 | | |
| 小　　　計 | | | | | | |
| ・〔共通仮設〕 | | | | | | |
| 仮囲い | | 94.0 | m | 5,000 | | |
| 仮設ゲート | | 1.0 | 箇所 | 200,000 | | |
| 工事用道路 | | 30.0 | m$^2$ | 120,000 | | |
| 揚重機械器具 | | | 1式 | 750,000 | | |
| 交通誘導員 | 60人・日 | | 1式 | 800,000 | | |
| 小　　　計 | | | | | | |

表2・32 共通仮設費

| 項 目 | 内 容 |
|---|---|
| 準 備 費 | 敷地測量，敷地整理，道路占有料，仮設用借地料，その他の準備に要する費用 |
| 仮 設 建 物 費 | 監理事務所，現場事務所，倉庫，下小屋，宿舎，作業員施設等に要する費用 |
| 工 事 施 設 費 | 仮囲い，工事用道路，歩道構台，場内通信設備等の工事用施設に要する費用 |
| 環 境 安 全 費 | 安全標識，消火設備等の施設の設置，安全管理・合図等の要員，隣接物等の養生および補償復旧に要する費用 |
| 動力用水光熱費 | 工事用電気設備および工事用給排水設備に要する費用並びに工事用電気・水道料金等 |
| 屋外整理清掃費 | 屋外および敷地周辺の後片付けおよびこれに伴う屋外発生材処分等並びに除雪に要する費用 |
| 機 械 器 具 費 | 共通的な工事用機械器具（測量機器，揚重機械器具，雑機械器具）に要する費用 |
| そ の 他 | 材料および製品の品質管理試験に要する費用，その他上記のいずれの項目にも属さない費用 |

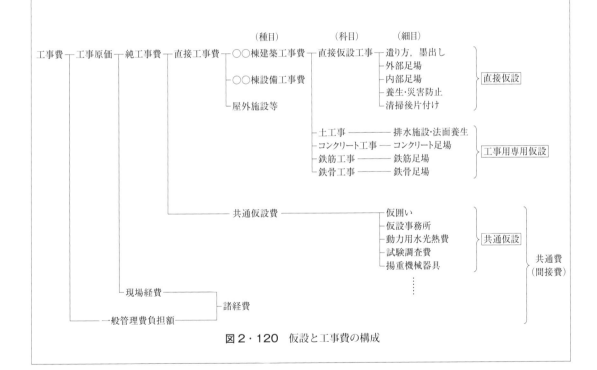

図2・120 仮設と工事費の構成

≪用語解説≫

❶ 足場‥‥‥‥高所作業のために設ける作業用の床。

❷ 仮囲い‥‥‥防犯上，安全上の観点から工事現場の外周を囲う柵。

❸ 水盛遣り方‥工事を着手する前に，建物の位置や高さを出す作業。

❹ 養生‥‥‥‥仕上げ材を保護するために施す，シートやボードなど。

❺ 整理清掃‥‥工事をスムーズに行うための現場の清掃作業。

# 第 3 章

## 建築積算の実務への応用

　第 2 章では，具体的な建物事例に基づき，建築積算業務の基本となる数量積算および
内訳書作成について学んだ。本章では，あらためて建築プロジェクトにおける建築積算
の役割を明確にしたうえで，建築積算の実務への応用について学ぶこととしたい。

# 3.1 建築プロジェクトと建築積算

　建物を建てるという「行為」とその「プロセス」のことを「建築プロジェクト」と呼ぶとすれば，その「建築プロジェクト」は，一連の「経済行為」として認識することができる。

　たとえば，自宅を建てるという一つの「建築プロジェクト」を考えてみよう。ある人（建築主）が，自分の所有している土地に自宅を建てたいと考え，設計者に設計を依頼し，手持ちの資金に銀行からの借入金を加えて一定額の資金を用意し，この資金で工務店に住宅を発注する。工務店が住宅を建設し，完成後の住宅を建築主に引渡し，建築主がその住宅に住むという一連のプロセスが考えられる。

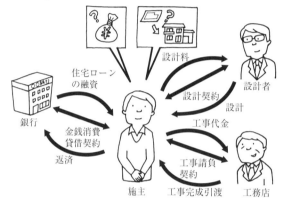

**図3・1** 自宅建設プロジェクトに係る経済行為

　このプロセスの中には，建築主が銀行から一定の資金を借り入れるという経済行為や，建築主が一定の価格で工務店に住宅を発注し，住宅の完成後に工務店から住宅の引渡しを受けるという経済行為が存在する。こうした経済行為がきちんと成立するためには，建築主が発注する住宅の価格について，「いくら位かかるのか」ということと，その住宅の「工事費の中身（工事内訳書）の妥当性」が明確に提示されていることが必要となる。これが，建築プロジェクトにおける「建築積算」の役割である。

　図3・2は，建築プロジェクトの実施プロセスの流れの中での，「建築積算」の役割について整理したものである。建築積算の結果として示される建築工事費は，建築プロジェクトの様々な場面での意思決定のために必要不可欠な情報である。たとえば，建築主にとって，設計プロセスの各段階で，建築工事費が予算内（投資可能な範囲内）で収まるかどうかは，きわめて重要な情報であり，もし，予算をオーバーするような設計案であれば，予算内に入るように，設計内容の変更を検討する必要が生じる。

　また，設計者にとっても，設計の内容が建築主の予算内に収まっていることを確認すること（資金計画）や，予算内で設計内容をコントロールすることは，設計業務を円滑に進めていくために，必要不可欠な業務である。建築主の予算は，個人住宅の場合などでは，建築主の用意できる自己資金と，住宅ローンの借入可能額で決まることが多く，借入可能額は，建築主の年収，年齢，その時点での金利水準などによって決定される。また，貸しビルや賃貸マンション

などの事業用の建物では，事業収支計画によって，投資可能な建築工事費の目安を求めることができるので，それを目標建築費として，設計業務を進めていくことになる。なお，図3・2中の「事業収支計画」には，「資金計画」が含まれる。

　建設会社や工務店などの施工者にとって，建築積算は，建築工事の自社における原価を把握し，入札金額を決定し建築工事を受注するために必要な業務である。また，工事請負契約が締結されると，実際の建築工事の現場では，企業利益を確保するために，工事原価を管理する必要が生じる。そのために，施工者の内部で作成されるのが，実行予算であり，実行予算の作成とその進捗管理を通して，工事原価の低減と企業利益の確保を図ることになる。

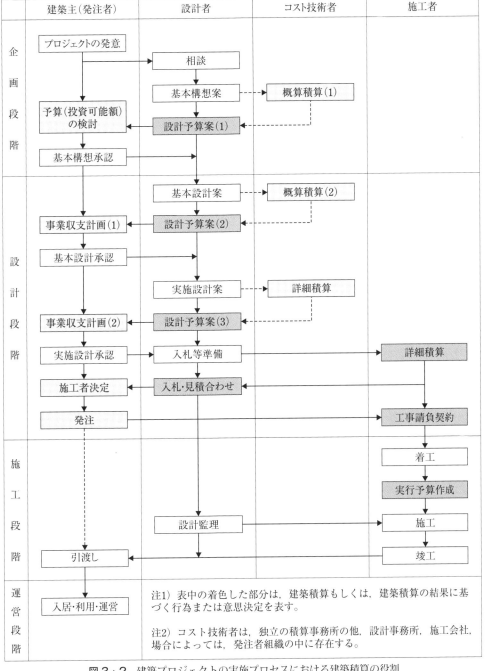

**図3・2**　建築プロジェクトの実施プロセスにおける建築積算の役割

# 3.2 概算とコストプランニング

### 3.2.1 概算の必要性と主な手法

　図3・2に示すように，実際の建築プロジェクトでは，実施設計案ができる前の基本構想や基本設計の段階でも，設計予算を作成し，建築主の資金計画や事業収支計画の枠内で建築プロジェクトが進行していることを確認していく必要がある。その際，基本構想や基本設計に基づいて，建物の工事費を算出する必要があり，この業務は通常，「概算」とか，「コストスタディ」と呼ばれている。

　基本構想から基本設計，さらに実施設計へと，建築プロジェクトの進行に応じて，建物のコストを算出するための情報は格段と増加し，コスト算出の精度は高まっていく。しかしながら，実施設計まで固まった段階で初めて建物のコストを算出した場合に，そのコストが，建築主の資金計画や事業収支計画に適合していない，すなわち建築主の予算をオーバーするときには，そのままの設計案では，建築プロジェクトを実施することはできない。

　こうしたケースでは，設計案を一から見直して，建築主の予算にあうように設計変更をする必要が生じる。こうした設計変更は，建築プロジェクトの事業スケジュールを大きく狂わせるばかりでなく，建物の品質を低下させる要因となる可能性が高く，建築主と設計者との信頼関係を損ね，建築プロジェクトの成功を危うくする。

　こうしたことから，実施設計案が固まる前の基本構想や基本設計の段階においても，その時点の建物の計画情報に基づいて概算を行い，建築主の予算内でプロジェクトが進行していることを確認する必要がある。

　概算には，専門的な技術として開発された幾つかの手法があり，一般にその手法に即したコストデータの蓄積が必要とされる。

　主な概算手法としては，積上げ概算法，条件対応法（コスト指数法），コストウエイト法，実績統計法（市場コスト統計法），実例調整法などの種類があるが，ここでは，実績統計法の事例を紹介する。

### 3.2.2 実績統計法の事例（JBCI）

　実績統計法とは，建物の実績コストに関する多数の事例に基づくデータから，対象とする建築プロジェクトの個別性，特性を数値化してコストに置き換える概算手法である。この場合，対象建物や計画の内容が多岐にわたるほど，データも豊富に収集する必要がある。

　実績統計法は，多数の市場実績データを必要とするため，長らく実務に利用できる実施例がなかったが，一般財団法人建設物価調査会が1999年に開始した「ジャパン・ビルディング・コスト・インフォメーション（JBCI）」は，建築主と施工者の間で取り決められた契約金額，すなわちプライスデータを全国的に収集し，これまでに約3万件の市場データを蓄積し，企

実勢単価の分布

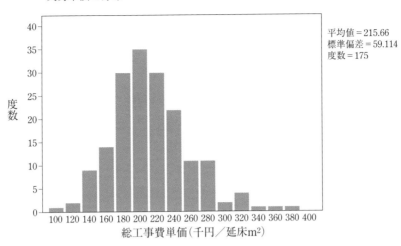

平均値＝215.66
標準偏差＝59.114
度数＝175

延床面積とコスト

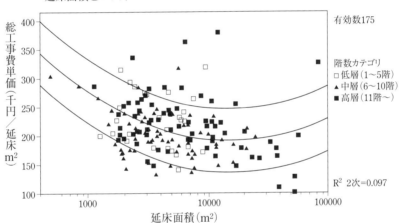

図３・３ JBCIコストデータの例（関東・東京圏の分譲マンション）
（出典：JBCI2012　一般財団法人建設物価調査会より）

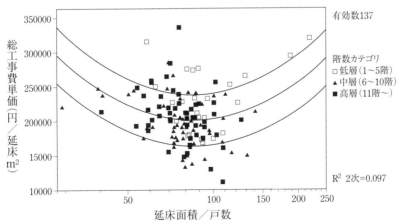

画・設計段階におけるマクロ的な建築コストデータとして，極めて有用な情報を提供している。

　図 3・3 は，関東・東京圏の分譲マンションに関する JBCI データの一部を表示したものである。これをみると，実勢単価では，180 千円／m²〜240 千円／m² の頻度が高いことがわかる。また，延床面積とコストでは，延床面積 2,000〜10,000 m² のデータが多く，延床面積 15,000 m² までは，延床面積が増えるほど総工事単価が減少する傾向にあることが読み取れる。また，戸あたり面積とコストの関係を見ると，戸あたり延床面積が 80〜90 m² を底にして，総工事単価が分布していることがわかる。

　また，JBCI では，圏域別・建物用途別の建築コストを，仮設，土工，地業，躯体，仕上げ，電気設備，衛生設備，空調設備，昇降機，諸経費の代表科目別に，回帰分析による予測式を用いて推計する手法をウェブ上で公開しており，実績の市場データを用いた企画・設計段階における概算手法として，利用価値が高い手法といえよう。

## 3.2.3　コストプランニング

　前述のように，建築プロジェクトでは，基本構想や基本計画など実施設計の前段階から建築コストを把握し，建築主の資金計画や事業収支計画に沿った建築投資を可能にしていく必要がある。このように，建築主の資金計画や事業収支計画と，建築の計画・設計との関係を，コストを通してバランスを保ちながらコントロールし，建築プロジェクトの実現性を高めていくことをコストプランニングという。

　コストプランニングは，狭義には，目標コストに合わせた建築コストの配分計画のことをさすが，広義には，次の 3 つの要素から構成される。

① 　建築プロジェクトの進行にあわせて，その時点での計画・設計情報と過去の蓄積データに基づいて建築コストを適切に予測する。（概算）
② 　建築主の資金計画や事業収支計画に基づき，建物の目標コストを設定する。
③ 　目標コストに合わせて，バランスのとれたコスト配分を行い，最適な計画・設計行為を支援する。

　なお，コストプランニングは，企画から設計までの各段階に限定された概念ではなく，施工計画段階での仮設計画や工法の比較なども，広い意味でのコストプランニングに含まれる。

　このように，建築主の資金計画や事業収支計画にそって建築プロジェクトの実現性を高めていく上で，コストプランニングの果たす役割はきわめて大きい。

# 3.3 バリューエンジニアリング（VE）

## 3.3.1 バリューエンジニアリング（VE）とは

　バリューエンジニアリング（VE）は，1947年に米国 GE 社の技師 L. D. マイルズが，アスベストに替わる工場の床材を検討する際に考え出した手法である。「最低の総コストで，必要な機能を確実に達成するため，組織的に，製品，またはサービスの機能の研究を行う方法」と定義され，機能とコストの分析に基づいて価値向上を図る設計支援手法である。

　わが国の VE は，1950年代後半から製造業を中心に導入され，その後，建設業界においても，品質確保や利益率の向上，工期短縮などの観点から VE が研究され，実務に取り入れられるようになった。VE の考え方を建設業に当てはめると「デザイン，品質及び管理・保守を低下することなく，最小のコストで必要な機能を達成するために，建設物，工法，手続，工期等の改善に注がれる組織的な努力」ということができる。

## 3.3.2 バリューエンジニアリング（VE）の目的

　VE の目的は，費用の投資効果すなわち価値を最大限に高めることである。VE は単なるコストダウンだけではなく，機能を低下させずコストを低減できる手段や，コストを上げず機能を向上できる手段が他にあれば，その手段を積極的に採用していくことにより，コスト縮減と機能・品質の向上を図ろうとする考え方である。

　VE を導入することにより，建物の計画・設計段階では，計画案や設計案について，より多くの違った角度から見直し，工事費の低減と機能・品質向上の改善提案を取り入れ，最適な計画，設計に限りなく近づけることが期待できる。また，入札や施工段階では，入札参加者や施工者が持っている技術やノウハウを有効に活用し，建設コストの低減と機能・品質の向上を図ることが期待される。

## 3.3.3 バリューエンジニアリング（VE）の考え方

　VE では，次式で示す価値（V）で，設計や施工法などを評価する。

$$価値（V）＝\frac{機能（F）}{コスト（C）}$$

　上式で，価値（V）の向上を図るためには，次のような5つのパターンが考えられる。なお，④と⑤は，上式での価値（V）が向上する場合にのみ採用される。

①　機能（F）向上＋コスト（C）低下

②　機能（F）向上＋コスト（C）一定

③　機能（F）一定＋コスト（C）低下

④　機能（F）向上大＋コスト（C）増加小

⑤　機能（F）低下小＋コスト（C）低下大

　建築プロジェクトにおいて，VE は企画・設計から施工まで幅広く用いられるが，図3・4に示すように，プロジェクトの内容がまだ確定していないプロジェクトの初期段階（企画・基本設計段階）に適用する方が効果的である。

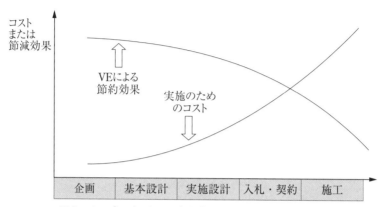

**図3・4**　プロジェクトの各段階における VE の潜在的効果
（アルフォンス J. デリゾッラ著，上野一郎監訳「建設プロジェクトにおける
VE の活用」産能大学出版部，2001 年を一部改変）

　たとえば，基本設計段階であれば，SRC 造のある原設計案に対し，機能とコストの分析により RC 造や S 造の代替案を検討することによって，建物価値の最大化を目指すことができる。しかし，実施設計段階でこうした建物の基本構造に係る事項について変更することは，余計なコストと時間がかかり，現実的ではない。

　入札・契約段階では，施工者が設計図書に対する VE 提案を付けて価格を提示し，発注者は提案内容を踏まえた価格で施工者を選定する。

　また，施工段階では，2 つのパターンがある。一つは，工事契約後に，施工者から提案された VE の代替案を発注者が採用する場合で，その価値の増分（多くの場合にはコストの低減効果）は，事前に決めた配分方式で，発注者と施工者に配分されることが多い。もう一つは，施工者が設計図書や請負金額を前提として，施工法や調達等を対象に行う VE であり，コスト低減効果は施工者に帰属することになる。

# 3.4 ライフサイクルコスト（LCC）

## 3.4.1 ライフサイクルコスト（LCC）とは

近年，建物ストックの増加に伴い，建物ストックの維持，修繕，増改築などに要するコストが注目されている。また，地球環境問題への関心の高まりの中で，建物の運用に関わる水道光熱費やエネルギーコストへの注目度も高まりつつある。

こうした中で，発注者が建物の計画や投資判断を行う際に，建物の生涯にわたる全期間を通じての生涯コストを把握することにより，綿密で的確な意思決定が可能になるという考え方が，次第に主流になりつつある。**ライフサイクルコスト**（（Life Cycle Cost＝LCC）とは，「建物の企画，設計から，工事，運用を経て解体処分に至るまでの全期間に要するコスト」のことをいう。LCCは，大きくは，**初期投資費**（イニシャルコスト＝企画設計コスト＋初期建設コスト），**維持運用費**（ランニングコスト＝保全費＋修繕・改善費＋運用費（水道光熱費等）＋運用管理費），**解体再利用費**の3つに大別される。

図3・5は，建物のライフサイクルコスト（LCC）の概念を表したものであり，初期建設コストは，氷山の一角でしかない。

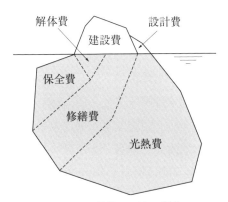

**図3・5** 建物の LCC の概念

LCCに注目するの最大のメリットは，建物の投資時点において，イニシャルコストだけでなく，支出時期の異なるランニングコストや解体再利用費までを含んだトータルなコストを把握することにより，複数の代替案を経済性の観点から相互比較できることと考えられる。

## 3.4.2 LCC の構成比率

LCCの構成比率は，建物の用途，規模，耐用年数（実際の運用年数）などにより変動する。図3・6は，鉄筋コンクリート造5階建て延べ面積 6,000 m² の貸事務所の建物のLCCを算定した事例である。これをみると，65年間にわたる全運用期間におけるLCCに対し，建物の初期投資費の比率は，わずか19％程度にすぎないことがわかる。

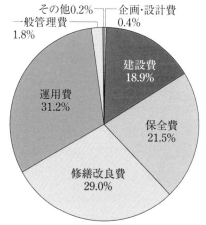

その他 0.2%　企画・設計費 0.4%
一般管理費 1.8%
建設費 18.9%
運用費 31.2%
保全費 21.5%
修繕改良費 29.0%

鉄筋コンクリート造　地上 5 階，地下 1 階　延べ面積 6,000 m²
貸事務所　耐用年数 65 年　1979 年算定　建設省官庁営繕部モデル

**図 3・6：建物の LCC 算出事例**

（石塚義高，「設備と管理」1981 年 9 月号，p. 32，川上格・久保井敬二・石塚義高，
「日経アーキテクチュア」1980，9 月 1 日号，p. 45）より作成

## 3.4.3　ライフサイクルコスト（LCC）の活用領域

　LCC は，建築プロジェクトの投資時点における複数の代替案の経済的評価を行う上で特に有効であるが，それ以外にも，次のような活用が考えられる。

① 　設計段階における技術評価による代替案の選択

　建物の各部分の材料，工法，設備仕様等を決定し設計する上で，LCC の観点から複数の代替案を比較検討し，適切な案を選定する

② 　建物運用段階における維持保全の最適化

　長期修繕計画や建物運用・維持保全計画を策定・運用していく上で，保全コストを最小化する観点から複数の代替案を比較検討し，適切な案を選定する

③ 　地球環境保全の観点を含めた最適案の選択（ライフサイクルアセスメント（LCA））

　経済的な観点からの LCC と，地球環境保全の観点からのライフサイクルを通しての環境負荷の算定を統合して総合環境影響評価を行う考え方を，ライフサイクルアセスメント（LCA）という。図 3・7 は，LCA の概要を表したものである。

　このように LCC は，建物の初期建設費だけでなく，建物の全運用期間を通してのコストに着目することにより，従来の積算の枠を超えた広範囲な可能性を持つ手法といえよう。

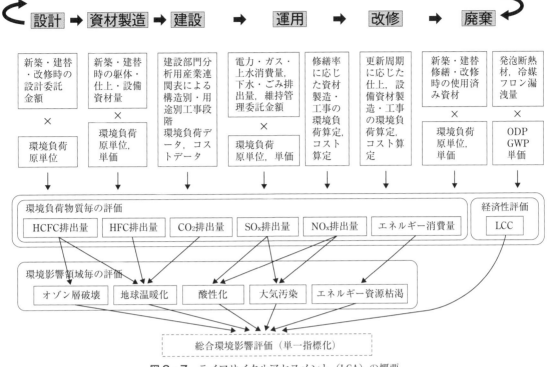

**図3・7** ライフサイクルアセスメント（LCA）の概要

（出典：建物の LCA 指針，日本建築学会）

# 3.5　建築コスト管理

　建築プロジェクトにおいては，企画から設計，施工，維持保全までの各プロセスにおいて，建築のコストが，さまざまな意志決定に不可欠な情報となっている。この建築のコストを適切に管理することにより，建築プロジェクトが円滑に推進されることになる。建築のコスト管理についてはさまざまな定義があるが，日本建築積算協会の建築コスト管理士ガイドブックによるコスト管理の定義は，次のようになっている。

> 「コスト管理」とは建築事業におけるコスト有効性を向上させるために，
> コストの目標を設定しその達成を図る一連の管理活動である。

　コストの有効性とは，支払うコストあたりに得られる効用の大きさであり，建築プロジェクトにおいては，建築主の支払うコストに対する建築物から得られる効用の大きさである。この効用を最大化する，いいかえれば，建築コストに見合う，建築主にとって価値の高い建物を実現することが，コスト管理の目的である。

　コスト管理は，コストプランニングとコストコントロールの両輪によって進められる。コストプランニングについては前述のとおりであるが，コストコントロールとは，建築プロジェクトの進行を確認・調整する行為であり，次の3つの要素によって構成される。

① 建築のコストをプロジェクトの進行に合わせて継続的にチェックする。

② 目標コストと実際のコストの差異を把握し，その原因を明確化する。

③ 目標コストに収めるための経済設計や代替案を創出する。

　コスト管理は，コストマネジメントとも呼ばれ，建築主の目標とする建築プロジェクトの投資効果の最大化を図るためのマネジメント活動であると捉えることができる。

　図3・8は，企画・構想段階から実施設計段階に至るまでの建築プロジェクトのプロセスにおいて，コストプランニングとコストコントロールを両論とするコスト管理（コストマネジメント）活動の概要を示したものである。

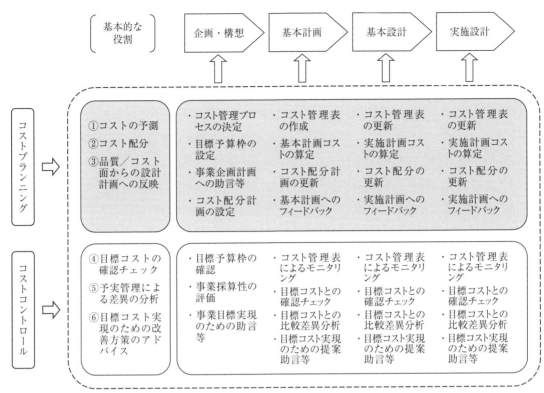

**図3・8** 企画段階から実施設計段階に至るまでのコストマネジメントの活動内容
(出典:「建築コスト管理士ガイドブック」平成23年版 (公社)日本建築積算協会)

## 3.6　建築積算における情報技術とBIM

　建築積算や建築コスト管理の分野においても，近年，情報技術（ICT）の進展に伴う技術革新やシステムの改革が急速に進んでいる。積算業務においてもICT化は進んでおり，企画・設計段階用の概算ソフトウェア，実施設計・発注段階での積算ソフトウェアや設備積算ソフトウェア，戸建住宅専用の積算ソフトウェアなどが市販されている。これらのソフトウェアにより，たとえば，図面情報の読み取りから長さや面積などの数量を自動算出したり，部分別や工種別内訳書の作成を自動化したりするなど，積算業務の様々な定型的な作業を効率化することが可能となっている。また，単価データベースとの連動により，見積書の作成についても自動化の方向で進んでいる。今後，次に述べるBIMの普及に伴い，積算業務のICT化は一段と加速するものと予想され，ICTツールの適切な活用が期待される。

　**BIM**（Building Information Modeling）とは，3次元CADと各種データベースとの連携により，建築物のライフサイクルにわたって必要とされる建物に関わる情報を一元的に記述する技術である。たとえば，建物の形状や部材，数量等の情報のほか，施工計画や資材メーカーの情報など，設計，施工，維持管理に関わるすべての情報を対象としている。

　BIMで用いられる3次元CADは，線の集合体で建築物を記述するタイプではなく，部材や空間の情報であるオブジェクトの組み合わせとして記述するオブジェクト指向のCADである。オブジェクトには形態があり，柱や梁などの建築部位や，コンクリートや鉄筋などの材料・部材を記述することができ，また，長さや面積，体積などを計算することが可能である。したがって，設計と同時並行的に，建築の部位や部材ごとに数量を計算することが可能であり，建築積算を含めた建築生産活動全般を根底から変革する可能性を秘めている。

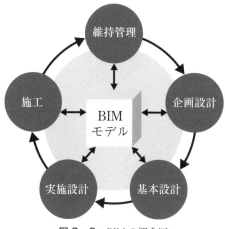

図3・9　BIMの概念図

# 3.7 建築積算の周辺分野への応用

　建築積算は，建物の建設時や改修時のコストを算出するという建築プロジェクトに不可欠な基幹技術であり，その応用分野は大きく広がっている。ここでは，その代表的な分野を紹介したい。

## 3.7.1 フィジビリティ・スタディ（FS）

　フィジビリティ・スタディ（FS）とは，企業や組織体が，ある計画を作成し実行に移そうとするとき，その実現の可能性を，環境，コスト，法規制などの外的要因や，資源・能力などの内的要因との関連性において，評価・検証することである。建築プロジェクトにおいて，建築積算技術をベースにした概算技法は，プロジェクトの FS を実施する上での基幹となる不可欠な技術である。

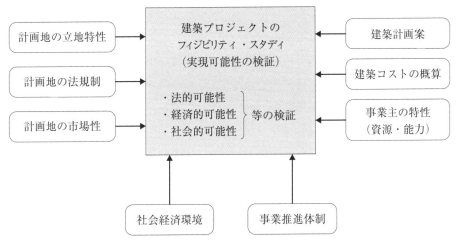

図3・10　建築プロジェクトのフィジビリティ・スタディのイメージ

## 3.7.2 リスク管理

　建築プロジェクトは，一品生産のプロジェクトであるため，多くの不確定要素があり，プロジェクトを成功させるためには，様々なリスクを的確に管理していく必要がある。これをリスク管理（Risk Management）という。リスク管理は，建築プロジェクトの企画から設計，施工，管理・運営段階に至る各段階において，また，発注者，設計者，施工者，各種専門工事会社のそれぞれの主体において実施する必要があり，建築積算技術をベースにした建築コストの管理は，これらのリスク管理に不可欠な要素である。

| フェーズ ＼ リスク管理主体 | 発注者 | 設計者 | 施工者 | 専門工事会社 |
|---|---|---|---|---|
| 企画段階 | ・フィジビリティ・スタディ | ・概算コストの把握 | ・概算の提出 | ・概算の提出 |
| 設計段階 | ・予算の設定 | ・コストコントロール ・コストランニング | ・積算・入札・契約 | ・下見積・契約 |
| 施工段階 | ・予算の管理 | ・工事予算の管理 | ・原価管理 | ・原価管理 |
| 運営管理段階 | ・修繕・増改築等の意思決定 | ・修繕・増改築等のコスト把握 | ・修繕・増改築等の積算・工事費提出 | ・修繕・増改築等の下見積 |

建設積算技術をベースにした建築コスト管理

**図3・11** 建築プロジェクトにおける建築コスト管理を通じたリスク管理

## 3.7.3 環境配慮計画

　地球温暖化防止，環境経営への対応，資産価値の向上などの観点から，今後新たに建設される建築物については，環境配慮への戦略的な検討を行うことが求められつつある。こうした建築物に係わる環境配慮項目としては，周辺環境保全，長寿命化，省資源・省エネルギー，エコマテリアルの使用，適正使用・適正処理の項目があり，これらの検討においては，建築積算をベースにしたコスト評価が重要な役割を担っている。たとえば，省エネルギーとしての環境負荷の抑制として，複層・Low-E ガラスの利用を検討する場合，通常案とのイニシャル工事費の比較だけではなく，LCC の観点からのコスト評価が不可欠である。また，建築物の全運用期間を通しての環境評価と経済性評価を統合する手法として，ライフサイクルアセスメント（LCA）があることは，3.4 に述べたとおりである。

## 3.7.4 プロジェクトマネジメント（PM）とコンストラクションマネジメント（CM）

　建設プロジェクトにおけるプロジェクトマネジメント（PM)およびコンストラクションマネジメント（CM）は，「発注者の立場にたち，技術的中立性をもって，建設プロエジェクトを経済的，効率的に推進し，予定の予算・工期・品質で完成させるため，発注者の行う管理業務の一部または全部を代行する業務」と定義されている。一般に PM は，企画から設計，工事発注，施工（場合によって運用）までの領域をカバーし，CM は，設計から工事発注，施工までの段階をカバーするマネジメントである。米国や英国では，建設工事の一般的な形態として普及しており，わが国でも CM 協会の設立とともに，徐々に CM の実施例が増えつつある。建築積算をベースにした建築コストの管理は，この CM もしくは PM を実施する上で不可欠な技術である。

## 3.7.5 PFI

　PFI（Private Finance Initiative）とは，公共施設等の建設，維持管理，運営等を民間の資金，経営能力及び技術的能力を活用して行う新しい手法であり，これにより，国や地方公共団体の事業コストの削減，より質の高い公共サービスの提供を目指すものである。1992 年に英国で導入され，わが国でも，1999 年 7 月に「民間資金等の活用による公共施設等の整備等の促進に関する法令」（PFI 法）が制定され，すでに多くの PFI 事業が全国の自治体や国等において計画・実施されている。

　PFI 事業のメリットは，VFM（Value For Money）という指標で判断するが，VFM は，一定の支払に対し，最も価値の高いサービスを提供する。同一目的の 2 つの事業を比較する場合，サービスが一定であれば，支払いの少ない方が VFM があるといい，支払額が一定であれば，サービス水準が高い方が，VFM があるという。この VFM の評価には，建築積算をベースにした LCC の考え方が用いられており，PFI 事業を実施する上で不可欠な手法である。

　このように，建築積算は，社会の様々な活動やプロジェクトを支える基幹的な技術となっており，その応用分野はきわめて広範囲に拡大しているのである。

従来の公共事業

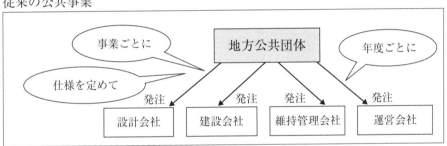

PFI

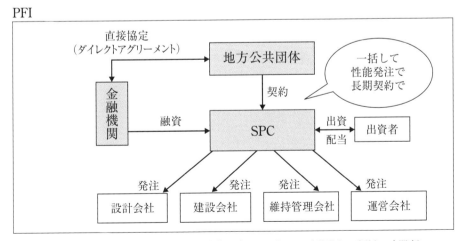

**図 3・12**　従来の公共事業と PFI 事業の違い（出典：PFI 事業導入の手引き，内閣府）

# 3.8　建築積算の担い手

　建築積算は，専門的知識と経験を必要とする専門性の高い技術であり，建築積算の担い手である「建築積算技術者」は，建築分野における重要な職能の一つと言える。建築積算技術者は，独立して積算業務を行う建築積算事務所はもとより，建設会社や工務店などの施工会社やハウスメーカー，設計事務所，専門工事業などの建築生産の担い手ばかりでなく，官公庁や不動産会社，メーカーなどの発注者や，大学等の研究機関など，幅広い分野で活躍している。これは，建築積算が，建築プロジェクトに不可欠な業務であり，しかも，発注者，設計者，施工者をはじめとする様々な立場の組織で，建築プロジェクトのさまざまな場面で，必要とされるからに他ならない。

　また，最近では，新築のプロジェクトだけでなく，既存建物を活かした建築プロジェクトが多くなっており，そうしたプロジェクトにおいても，建築積算技術者が活躍する場面が多くなっている。たとえば，既存建物のリニューアルにどの位のコストがかかるのか，建て替えた場合とリニューアルの場合ではどちらが有利なのか，といった建物所有者にとって重要な判断を行う場合，建築積算技術者による正確なコスト情報の提供が必要不可欠である。

　わが国では，こうした建築積算技術者の団体として「日本建築積算協会」があり，建築積算技術の向上や，建築積算技術者の教育，養成などを行っている。また，建築コスト管理士，建築積算士，建築積算士補という3つの認定資格を設け，資格認定を通して，建築積算技術者の技術の維持向上と社会的な認知の拡大を目指している。

　社会的ニーズの多様化・複雑化に伴い，建築積算技術者に求められる技術も，従来の数量積算や値入れを中心とした狭義の積算業務から，プロジェクトの実現に係わる多様なマネジメント技術に移りつつある。たとえば，建築積算士と建築コスト管理士に求められる知識は，表3・1のとおりである。

　このように，建築積算技術者に対する社会的ニーズはきわめて大きく，その活躍できる分野は大きく拡大している。同時に，建築積算技術者に求められる知識や能力も，次第にその範囲が拡大しているものと言えよう。

表 3・1　建築積算技術者（建築コスト管理士）に求められる知識の例

| 求められる知識 | 概要 |
|---|---|
| 1．コスト情報収集・分析 | 商取引の基礎知識，コスト情報の入手方法，コスト情報の分析手法，コストに影響を与える諸要因 |
| 2．広範囲な市場価格 | 経済の現況，建設産業の現況と需給バランス，建物市場価格（マクロ），建築構成材市場価格（ミクロ），メーカー・専門工事会社見積価格と取引価格，不動産市況と取引実態 |
| 3．発注戦略 | 工事発注与条件の策定，契約文書と付帯条件，コストオン協定書と共益費，競争環境の醸成，入札手続きと評価 |
| 4．調達戦略 | 元請・下請階層関係，下請業種（メーカー・専門工事業者），発注パッケージ |
| 5．フィジビリティ・スタディー | 事業収支計画の概要，事業収支に影響を与える要因，建設工事費キャッシュフローと金利 |
| 6．概算技法 | 状況に応じた概算技法，コストデータの活用法，コストアロケーションとコストコントロール技法 |
| 7．施工技術・工期算定 | 特殊工法，新技術，改修工事の特徴，解体工法，工期算定方法の概要，共通費（共通仮設，現場管理費，一般管理費）算定方法の概要 |
| 8．LCC・VE 及び FM・PM・CM・PFI 概要 | LCC（ライフサイクルコスト）の内容と算定方法，VE（バリューエンジニアリング）の内容と技法，FM（ファシリティーマネジメント）の概要，PM（プロジェクトマネジメント）の概要，CM（コンストラクションマネジメント）の概要，PFI（プライベート・ファイナンス・イニシアティブ）の概要 |
| 9．環境配慮 | 社会的側面と法的側面，環境対応技術のトレンド，環境配慮とコスト |
| 10．建築関連法規 | 建築基準法関連の基礎，コストに影響を及ぼす法規の概要 |
| 11．IT 活用 | 情報技術のトレンド，IT 機器操作・ソフト活用 |

注）建築コスト管理士には，原則として建築積算士に求められる知識を包含した上で，上記の知識が求められる。

（出典：（公社）日本建築積算協会資料より作成）

# 演習問題の解答

## p44◇演習 1◇

### 【独立基礎の根切り数量の算出】

図面：基礎・基礎伏図, 部材リスト（基礎リスト），
矩計図, 切り計画図

① 根切り深さ（F1 と同様）
   F2＝1.09m
   F3＝1.09m
② 根切り面積
   ⅰ）ゆとり幅（F1 と同様）
   F2＝0.5m
   F3＝0.5m
   ⅱ）法幅
   F2＝0m
   F3＝0m
   ⅲ）余幅（F1 と同様）
   F2＝0.5m
   F3＝0.5m
   ⅳ）根切り面積の算出
   F2＝(3.00m＋(0.5m×2))×(3.00m＋(0.5m×2))
     ＝4.00m×4.00m
     ＝16.00 ㎡
   F3＝(2.50m＋(0.5m×2))×(2.50m＋(0.5m×2))
     ＝3.50m×3.50m
     ＝12.25 ㎡
③ 根切り数量の算出
   ・F2 の根切り数量（1 箇所当たり）＝
   根切り面積（㎡）×根切り深さ（m）
   ＝16.00 ㎡×1.09m＝17.44 ㎥
   この F2 は 4 箇所であるため，
   17.44 ㎥×4 箇所＝69.76 ㎥

   ・F3 の根切り数量（1 箇所当たり）＝
   12.25 ㎡×1.09m＝13.352 ㎥
   この F3 は 4 箇所であるため，
   13.352 ㎥×4 箇所＝53.408 ㎥≒53.41㎥

## p45◇演習 2◇

### 【基礎梁 FG1 の回部分（独立基礎 F2〜独立基礎 F3 の根切り側面まで）の 8 箇所の根切り数量】

① 根切り深さ：FG1＝1.04m
② 根切り幅　　：FG1＝1.45m

③ 根切り長さ（独立基礎 F2〜独立基礎 F3 の根切り側面まで）
   回部分の FG1 は Y0 通り/X0〜X1 通りをはじめ 8 箇所が同一長さであり，1 箇所につき下記のように求められる。
   長さ：6.00m−{(1.25＋0.50) m＋(1.50＋0.50) m}
       ＝ 2.25m（1 箇所）
④ 根切り数量の算出
   ・FG 1 の根切り数量（1 箇所当たり）＝
   根切り幅（m）×根切り深さ（m）×根切り長さ（m）
   ＝1.45m×1.04m× 2.25m
   ＝3.393㎥
   この回部分の FG1 は 8 箇所あるため，
   3.393㎥×8 箇所＝27.14㎥

### 【基礎小梁 FB1 のハ，FB1 ニの根切り数量】

① 根切り深さ：FB1のハ・ニ　ともに＝0.64m
② 根切り幅：　FB1のハ・ニ　ともに＝1.30m
③ 根切り長さ
   FB1（ハ）：6.00m−（1.45/2＋1.45/2）m＝4.55m
   FB1（ニ）：2.50m−（1.30/2＋1.45/2）m
         ＝1.125m
④ 根切り数量の算出
   ・FB1（ハ）の根切り数量（1 箇所当たり）＝
   根切り幅（m）×根切り深さ（m）×根切り長さ（m）
   ＝1.30m×0.64m×4.55m＝3.789㎥≒3.79㎥
   ⇒この FB1（ハ）は 1 箇所で，3.79㎥
     ・F1の根切りと重なる部分
         ＝0.45m×0.64m×1.58m＝0.455㎥≒0.46㎥
     ・F2の根切りと重なる部分
         ＝0.15m×0.64m×1.28m＝0.123㎥≒0.12㎥
   したがって，FB1（ハ）は，
     3.79㎥−（0.46㎥＋0.12㎥）＝3.21㎥

   ・FB1（ニ）の根切り数量（1 箇所当たり）＝
   根切り幅（m）×根切り深さ（m）×根切り長さ（m）
   ＝1.30m×0.64m× 1.13m＝0.94㎥
     ・F1の根切りと重なる部分
         ＝0.55m×0.64m×1.13m＝0.398㎥≒0.40㎥
   したがって，FB1（ニ）は0.94㎥−0.40㎥＝0.54㎥

## p112◇演習1◇解答（独立基礎／F2およびF3）

| 名　称 | コ　ン　ク　リ　ー　ト | | | | | 型　　　枠 | | | | 鉄 | | | | | 筋 | | |
|---|---|---|---|---|---|---|---|---|---|---|---|---|---|---|---|---|---|
| | 寸 | | 法 | か所 | 体積 | 寸 | 法 | か所 | 面積 | 形　状 | 径 | 長さ | 本数 | か所 | D19 | D | D |
| （独立基礎） | | | | | | | | | | | | | | | | | |
| F2 | 3.00 | 3.00 | 0.35 | 4 | 12.60 | 12.00 | 0.35 | 4 | 16.80 | ベース筋 | D19 | 3.76 | 31×2 | 4 | 932.48 | | |
| F3 | 2.50 | 2.50 | 0.35 | 4 | 8.76 | 10.00 | 0.35 | 4 | 14.00 | ベース筋 | D19 | 3.26 | 26×2 | 4 | 678.08 | | |
| | | | | | | | | | | | | | | | | | |
| 小　計 | | | | | 21.36 | | | | 30.80 | | | | | | 1610.56 | | |

## p113◇演習2◇解答（基礎梁／FG1，ロ部分）

| 名　称 | コ　ン　ク　リ　ー　ト | | | | | 型　　　枠 | | | | 鉄 | | | | | 筋 | | |
|---|---|---|---|---|---|---|---|---|---|---|---|---|---|---|---|---|---|
| | 寸 | | 法 | か所 | 体　積 | 寸 | 法 | か所 | 面　積 | 形　状 | 径 | 長さ | 本数 | か所 | D10 | D13 | D22 |
| （基礎梁） | | | | | | | | | | | | | | | | | |
| FG1 | 0.30 | 1.00 | 5.40 | 8 | 19.44 | 2.00 | 5.40 | 8 | 86.40 | 上端通し筋 | D22 | 6.47 | 4 | 8 | | | 207.04 |
| （ロ部分） | | | | | | | | | | 外側端部上端筋 | D22 | 2.45 | 1 | 8 | | | 19.60 |
| | | | | | | | | | | 内側端部上端筋 | D22 | 1.98 | 1 | 8 | | | 15.84 |
| | | | | | | | | | | 下端通し筋 | D22 | 6.47 | 4 | 8 | | | 207.04 |
| F2端部取合 | ▲0.45 | 0.30 | 1.20 | 8 | ▲1.30 | ▲0.60 | 1.20 | 8 | ▲5.76 | 外側端部上端筋 | D22 | 2.45 | 1 | 8 | | | 19.60 |
| F3取合 | ▲0.45 | 0.30 | 0.95 | 8 | ▲1.03 | ▲0.60 | 0.95 | 8 | ▲4.56 | 内側端部上端筋 | D22 | 1.98 | 1 | 8 | | | 15.84 |
| | | | | | | | | | | | | | | | | | |
| | | | | | | | | | | 腹筋 | D10 | 5.46 | 2 | 8 | 87.36 | | |
| | | | | | | | | | | スタラップ | D13 | 2.90 | 28 | 8 | | 649.60 | |
| | | | | | | | | | | 幅止筋 | D10 | 0.45 | 7 | 8 | 25.20 | | |
| 小　計 | | | | | 17.11 | | | | 76.08 | | | | | | 112.56 | 649.60 | 484.96 |

## p114◇演習3◇解答（基礎小梁／FB1，ハ部分）

| 名　称 | コ　ン　ク　リ　ー　ト | | | | | 型　　　枠 | | | | 鉄 | | | | | 筋 | | |
|---|---|---|---|---|---|---|---|---|---|---|---|---|---|---|---|---|---|
| | 寸 | | 法 | か所 | 体　積 | 寸 | 法 | か所 | 面　積 | 形　状 | 径 | 長さ | 本数 | か所 | D10 | D19 | D |
| （基礎小梁） | | | | | | | | | | | | | | | | | |
| FB1 | 0.30 | 0.60 | 5.55 | 1 | 1.00 | 1.20 | 5.55 | 1 | 6.66 | 上端通し筋 | D19 | 6.89 | 3 | 1 | | 20.67 | |
| （ハ部分） | | | | | | | | | | 外側端部上端筋 | D19 | 2.35 | 1 | 1 | | 2.35 | |
| | | | | | | | | | | 内側端部上端筋 | D19 | 2.35 | 1 | 1 | | 2.35 | |
| | | | | | | | | | | 下端通し筋 | D19 | 6.89 | 3 | 1 | | 20.67 | |
| | | | | | | | | | | 中央下端筋 | D19 | 3.54 | 1 | 1 | | 3.54 | |
| | | | | | | | | | | 腹筋 | D10 | 5.61 | 2 | 1 | 11.22 | | |
| | | | | | | | | | | スタラップ | D10 | 1.80 | 29 | 1 | 52.20 | | |
| | | | | | | | | | | 幅止筋 | D10 | 0.30 | 7 | 1 | 2.10 | | |
| | | | | | | | | | | | | | | | | | |
| 小　計 | | | | | 1.00 | | | | 6.66 | | | | | | 65.52 | 49.58 | |

164

## p114◇演習3◇解答（基礎小梁／FB2，㡐部分）

| 名 称 | コ ン ク リ ー ト | | | | 型 | 枠 | | 鉄 | | | | | 筋 | | | |
|---|---|---|---|---|---|---|---|---|---|---|---|---|---|---|---|---|
| | 寸 | 法 | か所 | 体 積 | 寸 法 | | か所 | 面 積 | 形 状 | 径 | 長 さ | 本数 | か所 | D10 | D19 | D | D |
| （基礎梁） | | | | | | | | | | | | | | | | |
| FB1 | 0.30 | 0.60 | 2.13 | 1 | 0.38 | 1.20 | 2.13 | 1 | 2.56 | 上端通し筋 | D19 | 3.47 | 3 | 1 | | 10.41 | |
| （㡐部分） | | | | | | | | | 外側端部<br>上端筋 | D19 | 1.49 | 1 | 1 | | 1.49 | |
| | | | | | | | | | 内側端部<br>上端筋 | D19 | 1.49 | 1 | 1 | | 1.49 | |
| | | | | | | | | | 下端通し筋 | D19 | 3.47 | 3 | 1 | | 10.41 | |
| | | | | | | | | | 中央下端筋 | D19 | 1.83 | 1 | 1 | | 1.83 | |
| | | | | | | | | | 腹筋 | D10 | 2.19 | 2 | 1 | 4.38 | | |
| | | | | | | | | | スタラップ | D13 | 1.80 | 12 | 1 | 21.60 | | |
| | | | | | | | | | 幅止筋 | D10 | 0.30 | 4 | 1 | 1.20 | | |
| | | | | | | | | | | | | | | | | |
| 小 計 | | | | 0.38 | | | | 2.56 | | | | | | 27.18 | 25.63 | | |

## p115◇演習4◇解答（2階柱／2C1）

| 名 称 | コ ン ク リ ー ト | | | | 型 | 枠 | | 鉄 | | | | | 筋 | | | |
|---|---|---|---|---|---|---|---|---|---|---|---|---|---|---|---|---|
| | 寸 | 法 | か所 | 体 積 | 寸 法 | | か所 | 面 積 | 形 状 | 径 | 長 さ | 本数 | か所 | D10 | D13 | D22 | 圧接継手<br>D22+D22 |
| （柱） | | | | | | | | | | | | | | | | | |
| 2C1 | 0.60 | 0.60 | 3.75 | 9 | 12.15 | 2.40 | 3.75 | 9 | 81.00 | 主筋 | D22 | 4.02 | 12 | 9 | | | 434.16 | 108.00 |
| | | | | | | | | | 帯筋 | D13 | 2.40 | 37 | 9 | | 799.20 | | |
| | | | | | | | | | 副帯筋 | D10 | 0.60 | 8×2 | 9 | 86.40 | | | |
| | | | | | | | | | | | | | | | | | |
| | | | | | | | | | | | | | | | | | |
| 小 計 | | | | 12.15 | | | | 81.00 | | | | | | 86.40 | 799.20 | 434.16 | 108.00 |

## p116◇演習5◇解答（R階大梁／RG1）

| 名　称 | コ　ン　ク　リ　ー　ト | | | | 型　　　枠 | | | | 鉄 | | | | | 筋 | | | | |
|---|---|---|---|---|---|---|---|---|---|---|---|---|---|---|---|---|---|---|
| | 寸 | 法 | か所 | 体積 | 寸 | 法 | か所 | 面積 | 形　状 | 径 | 長さ | 本数 | か所 | D10 | D13 | D22 | 圧接継手 D22+D22 |
| （大梁） | | | | | | | | | | | | | | | | | |
| RG1 | 0.40 | 0.65 | 5.40 | 12 | 16.85 | 1.55 | 5.40 | 8 | 66.96 | 上端通し筋 | D22 | 6.47 | 3 | 12 | | | 232.92 | 36 |
| | | | | | 1.40 | 5.40 | 4 | 30.24 | 左端上端筋 | D22 | 1.98 | 1 | 12 | | | 23.76 | |
| | | | | | ▲0.15 | 5.40 | 1 | ▲0.81 | 右端部上端筋 | D22 | 2.45 | 1 | 12 | | | 29.40 | |
| | | | | | ▲0.18 | 5.40 | 1 | ▲0.97 | 下端通し筋 | D22 | 6.47 | 3 | 12 | | | 232.92 | 36 |
| | | | | | | | | | 中央下端筋 | D22 | 4.03 | 1 | 12 | | | 48.36 | |
| | 壁厚さ＝0.15 壁との接続部（梁底）の面積が 1㎡以下のため差引き不要 | | | | | | | | 腹筋 | D10 | 5.46 | 2 | 12 | 131.04 | | | |
| | | | | | | | | | スタラップ | D13 | 2.10 | 28 | 12 | | 705.60 | | |
| | | | | | | | | | 幅止筋 | D10 | 0.40 | 7 | 12 | 33.60 | | | |
| 小　計 | | | | 16.85 | | | | 97.20 | | | | | | 164.64 | 705.60 | 567.36 | 72 |

## p117◇演習6◇解答（R階床板／RS1）

| 名　称 | コ　ン　ク　リ　ー　ト | | | | 型　　枠 | | | | 鉄 | | | | | 筋 | | |
|---|---|---|---|---|---|---|---|---|---|---|---|---|---|---|---|---|
| | 寸 | 法 | か所 | 体積 | 寸 | 法 | か所 | 面積 | 形　状 | 径 | 長さ | 本数 | か所 | D10 | | |
| （床板） | | | | | | | | | | | | | | | | |
| RS1 | 5.70 | 2.75 | 0.15 | 3 | 7.05 | 5.70 | 2.75 | 3 | 47.3 | 短辺　上端筋 | D10 | 3.45 | 30 | 3 | 310.50 | |
| | | | | | | | | | | 短辺　下端筋 | D10 | 3.25 | 30 | 3 | 292.50 | |
| | | | | | | | | | | 長辺　上端筋 | D10 | 6.65 | 15 | 3 | 299.25 | |
| | | | | | | | | | | 長辺　下端筋 | D10 | 6.45 | 15 | 3 | 290.25 | |
| RS1 | 5.70 | 3.25 | 0.15 | 1 | 2.78 | 5.70 | 3.25 | 1 | 18.53 | 短辺　上端筋 | D10 | 3.95 | 30 | 1 | 118.50 | |
| | | | | | | | | | | 短辺　下端筋 | D10 | 3.75 | 30 | 1 | 112.50 | |
| | | | | | | | | | | 長辺　上端筋 | D10 | 6.65 | 18 | 1 | 119.70 | |
| | | | | | | | | | | 長辺　下端筋 | D10 | 6.45 | 18 | 1 | 116.10 | |
| RS1 | 5.70 | 2.65 | 0.15 | 3 | 6.80 | 5.70 | 2.65 | 3 | 45.32 | 短辺　上端筋 | D10 | 3.20 | 30 | 3 | 288.00 | |
| | | | | | | | | | | 短辺　下端筋 | D10 | 3.20 | 30 | 3 | 288.00 | |
| | | | | | | | | | | 長辺　上端筋 | D10 | 6.65 | 15 | 3 | 299.25 | |
| | | | | | | | | | | 長辺　下端筋 | D10 | 6.45 | 15 | 3 | 290.25 | |
| RS1 | 5.70 | 2.15 | 0.15 | 1 | 1.84 | 5.70 | 2.15 | 1 | 12.26 | 短辺　上端筋 | D10 | 2.70 | 30 | 1 | 81.00 | |
| | | | | | | | | | | 短辺　下端筋 | D10 | 2.70 | 30 | 1 | 81.00 | |
| | | | | | | | | | | 長辺　上端筋 | D10 | 6.65 | 12 | 1 | 79.80 | |
| | | | | | | | | | | 長辺　下端筋 | D10 | 6.45 | 12 | 1 | 77.40 | |
| 小　計 | | | | | 18.47 | | | | 123.14 | | | | | | 3144.00 | |

p118◇演習7-1◇

壁を1〜4に分けて算定する。

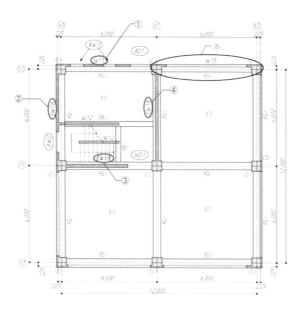

p118◇演習7-1◇解答（1階壁／W15，①部分）

| 名　称 | コ　ン　ク　リ　ー　ト | | | | 型 | | 枠 | | 鉄 | | | | | 筋 | | |
|---|---|---|---|---|---|---|---|---|---|---|---|---|---|---|---|---|
| | 寸 | 法 | か所 | 体　積 | 寸 | 法 | か所 | 面　積 | 形　状 | 径 | 長　さ | 本数 | か所 | D10 | D13 | |
| (1F壁W15) | | | | | | | | | | | | | | | | |
| Y2通り X0〜X1通 | 5.40 | 2.88 | 0.15 | 1 | 2.33 | 5.40 | 2.88 | 2 | 31.10 | 縦筋 | D10 | 3.98 | 27 | 1 | 107.46 | |
| | | | | | | | | | | | | | | | | |
| AW-3開口 | ▲0.80 | 1.10 | 0.15 | 2 | ▲0.26 | ▲0.80 | 1.10 | 2×2 | ▲3.52 | 縦筋(AW-3) | D10 | 2.48 | 8 | 2 | 39.68 | |
| AD-1開口 | ▲1.20 | 2.00 | 0.15 | 1 | ▲0.36 | ▲1.20 | 2.00 | 1×2 | ▲4.80 | 縦筋(AD-1) | D10 | 1.58 | 12 | 1 | 18.96 | |
| | | | | | | | | | | | | | | | | |
| | | | | | | | | | 横筋 | D10 | 6.50 | 10 | 1 | 65.00 | |
| | | | | | | | | | 横筋(AW-3) | D10 | 3.30 | 11 | 1 | 36.30 | |
| | | | | | | | | | 横筋(AD-1) | D10 | 4.90 | 9 | 1 | 44.10 | |
| | | | | | | | | | | | | | | | | |
| | | | | | | | | (AW-3) | 縦筋(開口補強筋) | D13 | 2.14 | 1 | 2×2 | | 8.56 | |
| | | | | | | | | (AD-1) | 縦筋(開口補強筋) | D13 | 3.04 | 1 | 2 | | 6.08 | |
| | | | | | | | | (AW-3) | 横筋(開口補強筋) | D13 | 1.84 | 1 | 2×2 | | 7.36 | |
| | | | | | | | | (AD-1) | 横筋(開口補強筋) | D13 | 2.24 | 1 | 1 | | 2.24 | |
| | | | | | | | | (AW-3) | 斜め筋(開口補強筋) | D13 | 1.04 | 1 | 2×2×2 | | 8.32 | |
| | | | | | | | | (AD-1) | 斜め筋(開口補強筋) | D13 | 1.04 | 1 | 2 | | 2.08 | |
| 小　計 | | | | 1.71 | | | | 22.78 | | | | | | 311.50 | 34.64 | |

## p118◇演習7-2◇解答（1階壁／EW18，②部分）

| 名　称 | コンクリート |  |  |  |  | 型枠 |  |  |  | 鉄筋 |  |  |  |  |  |  |  |
|---|---|---|---|---|---|---|---|---|---|---|---|---|---|---|---|---|---|
|  | 寸法 |  |  | か所 | 体積 | 寸法 |  | か所 | 面積 | 形状 | 径 | 長さ | 本数 | か所 | D10 | D13 | D16 |
| (1F壁EW18) |  |  |  |  |  |  |  |  |  |  |  |  |  |  |  |  |  |
| X0通り Y1～Y2通り | 5.40 | 2.88 | 0.18 | 1 | 2.80 | 5.40 | 2.88 | 2 | 31.10 | 縦筋 | D10 | 3.98 | 29×2 | 1 | 230.84 |  |  |
| AW-2開口 | ▲1.195 | 0.80 | 0.18 | 1 | ▲0.17 | ▲1.195 | 0.80 | 2 | ▲1.91 | 縦筋(AW-2) | D10 | 2.78 | 8×2 | 1 | 44.48 |  |  |
|  |  |  |  |  |  |  |  |  |  | 横筋 | D10 | 6.50 | 15×2 | 1 | 195.00 |  |  |
|  |  |  |  |  |  |  |  |  |  | 横筋(AW-2) | D10 | 4.91 | 6×2 | 1 | 58.92 |  |  |
|  |  |  |  |  |  |  |  |  | (AW-2) | 縦筋(開口補強筋) | D16 | 2.08 | 1×2 | 2 |  |  | 8.32 |
|  |  |  |  |  |  |  |  |  | (AW-2) | 横筋(開口補強筋) | D16 | 2.48 | 1×2 | 2 |  |  | 9.92 |
|  |  |  |  |  |  |  |  |  | (AW-2) | 斜め筋(開口補強筋) | D13 | 1.04 | 1×4 | 2 |  | 8.32 |  |
| 小　計 |  |  |  |  | 2.63 |  |  |  | 29.19 |  |  |  |  |  | 529.24 | 8.32 | 18.24 |

## p118◇演習7-3◇解答（1階壁／EW18，③部分）

| 名　称 | コンクリート |  |  |  |  | 型枠 |  |  |  | 鉄筋 |  |  |  |  |  |  |  |
|---|---|---|---|---|---|---|---|---|---|---|---|---|---|---|---|---|---|
|  | 寸法 |  |  | か所 | 体積 | 寸法 |  | か所 | 面積 | 形状 | 径 | 長さ | 本数 | か所 | D10 | D13 | D16 |
| (1F壁EW18) |  |  |  |  |  |  |  |  |  |  |  |  |  |  |  |  |  |
| Y1通り X0～X1通り | 5.40 | 2.88 | 0.18 | 1 | 2.80 | 5.40 | 2.88 | 2 | 31.10 | 縦筋 | D10 | 3.98 | 29×2 | 1 | 230.84 |  |  |
| WD-1開口 | ▲1.20 | 2.00 | 0.18 | 1 | ▲0.43 | ▲1.20 | 2.00 | 2 | ▲4.80 | 縦筋(WD-1) | D10 | 1.58 | 8×2 | 1 | 25.28 |  |  |
|  |  |  |  |  |  |  |  |  |  | 横筋 | D10 | 6.50 | 7×2 | 1 | 91.00 |  |  |
|  |  |  |  |  |  |  |  |  |  | 横筋(WD-1) | D10 | 4.90 | 14×2 | 1 | 137.20 |  |  |
|  |  |  |  |  |  |  |  |  | (WD-1) | 縦筋(開口補強筋) | D16 | 3.28 | 1×2 | 2 |  |  | 13.12 |
|  |  |  |  |  |  |  |  |  | (WD-1) | 横筋(開口補強筋) | D16 | 2.48 | 1×2 | 1 |  |  | 4.96 |
|  |  |  |  |  |  |  |  |  | (WD-1) | 斜め筋(開口補強筋) | D13 | 1.04 | 1×2 | 2 |  | 4.16 |  |
| 小　計 |  |  |  |  | 2.37 |  |  |  | 26.30 |  |  |  |  |  | 484.32 | 4.16 | 18.08 |

## p118◇演習7-4◇解答（1階壁／EW18，④部分）

| 名　称 | コンクリート |  |  |  |  | 型枠 |  |  |  | 鉄筋 |  |  |  |  |  |  |  |
|---|---|---|---|---|---|---|---|---|---|---|---|---|---|---|---|---|---|
|  | 寸法 |  |  | か所 | 体積 | 寸法 |  | か所 | 面積 | 形状 | 径 | 長さ | 本数 | か所 | D10 |  |  |
| (1F壁EW18) |  |  |  |  |  |  |  |  |  |  |  |  |  |  |  |  |  |
| X1通り Y1～Y2通り | 5.40 | 2.88 | 0.18 | 1 | 2.80 | 5.40 | 2.88 | 2 | 31.10 | 縦筋 | D10 | 3.98 | 37×2 | 1 | 294.52 |  |  |
|  |  |  |  |  |  |  |  |  |  | 横筋 | D10 | 6.50 | 21×2 | 1 | 273.00 |  |  |
| 小　計 |  |  |  |  | 2.80 |  |  |  | 31.10 |  |  |  |  |  | 567.52 |  |  |

## p118◇演習7◇1階壁数量合計

| 名　称 | コンクリート |  |  |  |  | 型枠 |  |  |  | 鉄筋 |  |  |  |  |  |  |  |
|---|---|---|---|---|---|---|---|---|---|---|---|---|---|---|---|---|---|
|  | 寸法 |  |  | か所 | 体積 | 寸法 |  | か所 | 面積 | 形状 | 径 | 長さ | 本数 | か所 | D10 | D13 | D16 |
| 1 |  |  |  |  | 1.71 |  |  |  | 22.78 |  |  |  |  |  | 311.50 | 34.64 |  |
| 2 |  |  |  |  | 2.63 |  |  |  | 29.19 |  |  |  |  |  | 529.24 | 8.32 | 18.24 |
| 3 |  |  |  |  | 2.37 |  |  |  | 26.30 |  |  |  |  |  | 484.32 | 4.16 | 18.08 |
| 4 |  |  |  |  | 2.80 |  |  |  | 31.10 |  |  |  |  |  | 567.52 |  |  |
| ホ部分 |  |  |  |  | 0.53 |  |  |  | 7.10 |  |  |  |  |  | 144.30 | 15.62 |  |
| 小　計 |  |  |  |  | 10.04 |  |  |  | 116.47 |  |  |  |  |  | 2036.88 | 62.64 | 36.32 |

p119◇演習8-1◇

壁を1～5に分けて算定する。

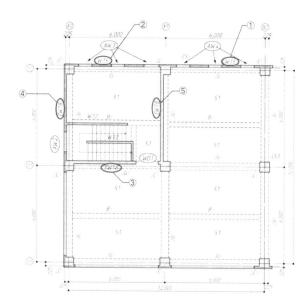

## p119◇演習8-1◇解答（2階壁／W15，①部分）

| 名　称 | コ ン ク リ ー ト | | | | 型 | 枠 | | | 鉄 | | | | | 筋 | | |
|---|---|---|---|---|---|---|---|---|---|---|---|---|---|---|---|---|
| | 寸 | 法 | か所 | 体積 | 寸 | 法 | か所 | 面積 | 形　状 | 径 | 長さ | 本数 | か所 | D10 | D13 | D16 |
| (2F壁W15) | | | | | | | | | | | | | | | | |
| Y2通り X1～X2通り | 5.40 | 2.95 | 0.15 | 1 | 2.39 | 5.40 | 2.95 | 2 | 31.86 | 縦筋 | D10 | 4.05 | 31 | 1 | 125.55 | | |
| AW-4開口 | ▲0.80 | 1.60 | 0.15 | 3 | ▲0.58 | ▲0.80 | 1.60 | 2×3 | ▲7.68 | 縦筋(AW-4) | D10 | 2.05 | 24 | 1 | 49.20 | | |
| | | | | | | | | | 横筋 | D10 | 6.50 | 15 | 1 | 97.50 | | |
| | | | | | | | | | 横筋(AW-4) | D10 | 3.70 | 16 | 1 | 59.20 | | |
| | | | | | | | (AW-4) | 縦筋(開口補強筋) | D13 | 2.64 | 1 | 2×3 | | 15.84 | |
| | | | | | | | (AW-4) | 横筋(開口補強筋) | D13 | 1.84 | 1 | 2×3 | | 11.04 | |
| | | | | | | | (AW-4) | 斜め筋(開口補強筋) | D13 | 1.04 | 1 | 2×2×3 | | 12.48 | |
| 小　計 | | | | 1.81 | | | | 24.18 | | | | | | 331.45 | 39.36 | |


## p119◇演習8-2◇解答（2階壁／W15，②部分）

| 名　称 | コ ン ク リ ー ト | | | | 型 | 枠 | | | 鉄 | | | | | 筋 | | |
|---|---|---|---|---|---|---|---|---|---|---|---|---|---|---|---|---|
| | 寸 | 法 | か所 | 体積 | 寸 | 法 | か所 | 面積 | 形　状 | 径 | 長さ | 本数 | か所 | D10 | D13 | D16 |
| (2F壁W15) | | | | | | | | | | | | | | | | |
| Y2通り X0～X1通り | 5.40 | 2.95 | 0.15 | 1 | 2.39 | 5.40 | 2.95 | 2 | 31.86 | 縦筋 | D10 | 4.05 | 31 | 1 | 125.55 | | |
| | | | | | | | | | 縦筋(AW-3) | D10 | 2.55 | 24 | 1 | 61.20 | | |
| AW-3開口 | ▲0.80 | 1.10 | 0.15 | 3 | ▲0.39 | ▲0.80 | 1.10 | 2×3 | ▲5.28 | 横筋 | D10 | 6.50 | 20 | 1 | 130.00 | | |
| | | | | | | | | | 横筋(AW-3) | D10 | 3.70 | 11 | 1 | 40.70 | | |
| | | | | | | | (AW-3) | 縦筋(開口補強筋) | D13 | 2.14 | 1 | 2×3 | | 12.84 | |
| | | | | | | | (AW-3) | 横筋(開口補強筋) | D13 | 1.84 | 1 | 2×3 | | 11.04 | |
| | | | | | | | (AW-3) | 斜め筋(開口補強筋) | D13 | 1.04 | 1 | 2×2×3 | | 12.48 | |
| 小　計 | | | | 2.00 | | | | 26.58 | | | | | | 357.45 | 36.36 | |

## p119◇演習8-3◇解答(2階壁／EW18, ③部分)

| 名称 | コンクリート | | | | | 型枠 | | | | 鉄筋 | | | | | | | |
|---|---|---|---|---|---|---|---|---|---|---|---|---|---|---|---|---|---|
| | 寸法 | | | か所 | 体積 | 寸法 | | か所 | 面積 | 形状 | 径 | 長さ | 本数 | か所 | D10 | D13 | D16 |
| (2F壁EW18) | | | | | | | | | | | | | | | | | |
| Y1通り X0～X1通り | 5.40 | 2.95 | 0.18 | 1 | 2.87 | 5.40 | 2.95 | 2 | 31.86 | 縦筋 | D10 | 4.05 | 29×2 | 1 | 234.90 | | |
| WD-1開口 | ▲1.20 | 2.00 | 0.18 | 1 | ▲0.43 | ▲1.20 | 2.00 | 2 | ▲5.65 | 縦筋(WD-1) | D10 | 1.65 | 8×2 | 1 | 26.40 | | |
| | | | | | | | | | | | | | | | | | |
| | | | | | | | | | | 横筋 | D10 | 6.50 | 7×2 | 1 | 91.00 | | |
| | | | | | | | | | | 横筋(WD-1) | D10 | 4.90 | 14×2 | 1 | 137.20 | | |
| | | | | | | | | | | | | | | | | | |
| | | | | | | | | | (WD-1) | 縦筋(開口補強筋) | D16 | 3.28 | 1×2 | 2 | | | 13.12 |
| | | | | | | | | | (WD-1) | 横筋(開口補強筋) | D16 | 2.48 | 1×2 | 1 | | | 4.96 |
| | | | | | | | | | (WD-1) | 斜め筋(開口補強筋) | D13 | 1.04 | 1×2 | 2 | | 4.16 | |
| 小計 | | | | | 2.44 | | | | 27.06 | | | | | | 489.50 | 4.16 | 18.08 |

## p119◇演習8-4◇解答(2階壁／EW18, ④部分)

| 名称 | コンクリート | | | | | 型枠 | | | | 鉄筋 | | | | | | | |
|---|---|---|---|---|---|---|---|---|---|---|---|---|---|---|---|---|---|
| | 寸法 | | | か所 | 体積 | 寸法 | | か所 | 面積 | 形状 | 径 | 長さ | 本数 | か所 | D10 | D13 | D16 |
| (2F壁EW18) | | | | | | | | | | | | | | | | | |
| X0通り Y1～Y2通り | 5.40 | 2.95 | 0.18 | 1 | 2.87 | 5.40 | 2.95 | 2 | 31.86 | 縦筋 | D10 | 4.05 | 29×2 | 1 | 234.90 | | |
| AW-2開口 | ▲1.195 | 0.80 | 0.18 | 1 | ▲0.17 | ▲1.195 | 0.80 | 2 | ▲1.91 | 縦筋(AW-2) | D10 | 2.85 | 8×2 | 1 | 45.60 | | |
| | | | | | | | | | | | | | | | | | |
| | | | | | | | | | | 横筋 | D10 | 6.50 | 15×2 | 1 | 195.00 | | |
| | | | | | | | | | | 横筋(AW-2) | D10 | 4.91 | 6×2 | 1 | 58.92 | | |
| | | | | | | | | | | | | | | | | | |
| | | | | | | | | | (AW-2) | 縦筋(開口補強筋) | D16 | 2.08 | 1 | 2×2 | | | 8.32 |
| | | | | | | | | | (AW-2) | 横筋(開口補強筋) | D16 | 2.48 | 1 | 2×2 | | | 9.92 |
| | | | | | | | | | (AW-2) | 斜め筋(開口補強筋) | D13 | 1.04 | 1 | 2×2 | | 4.16 | |
| 小計 | | | | | 2.70 | | | | 29.95 | | | | | | 534.42 | 4.16 | 18.24 |

## p119◇演習8-5◇解答(2階壁／EW18, ⑤部分)

| 名称 | コンクリート | | | | | 型枠 | | | | 鉄筋 | | | | | | | |
|---|---|---|---|---|---|---|---|---|---|---|---|---|---|---|---|---|---|
| | 寸法 | | | か所 | 体積 | 寸法 | | か所 | 面積 | 形状 | 径 | 長さ | 本数 | か所 | D10 | | |
| (2F壁EW18) | | | | | | | | | | | | | | | | | |
| X1通り Y1～Y2通り | 5.40 | 2.95 | 0.18 | 1 | 2.87 | 5.40 | 2.95 | 2 | 31.86 | 縦筋 | D10 | 4.05 | 37×2 | 1 | 299.70 | | |
| | | | | | | | | | | | | | | | | | |
| | | | | | | | | | | 横筋 | D10 | 6.50 | 21×2 | 1 | 273.00 | | |
| | | | | | | | | | | | | | | | | | |
| 小計 | | | | | 2.87 | | | | 31.86 | | | | | | 572.70 | | |

### p119◇演習8◇2階壁数量合計

| 名称 | コンクリート 寸法 | か所 | 体積 | 型枠 寸法 | か所 | 面積 | 鉄筋 形状 | 径 | 長さ | 本数 | か所 | D10 | D13 | D16 |
|---|---|---|---|---|---|---|---|---|---|---|---|---|---|---|
| 1 | | | 1.82 | | | 24.18 | | | | | | 331.45 | 39.36 | |
| 2 | | | 2.00 | | | 26.58 | | | | | | 357.45 | 36.36 | |
| 3 | | | 2.44 | | | 27.06 | | | | | | 489.50 | 4.16 | 18.08 |
| 4 | | | 2.70 | | | 29.95 | | | | | | 534.42 | 4.16 | 18.24 |
| 5 | | | 2.87 | | | 31.86 | | | | | | 572.70 | | |
| 小 計 | | | 11.83 | | | 139.63 | | | | | | 2,285.52 | 84.04 | 36.32 |

### p120表2・23　鉄筋コンクリート造貸事務所建築工事　躯体数量の集計表

| | | | | コンクリート(m³) | 型枠(m²) | 鉄筋(m) D10 | D13 | D16 | D19 | D22 |
|---|---|---|---|---|---|---|---|---|---|---|
| 基礎躯体 | 基礎 | F1 | p75より | 4.54 | 5.04 | | | | 322.64 | |
| | | F2 | p112より | 12.60 | 16.08 | | | | 932.48 | |
| | | F3 | p112より | 8.76 | 14.00 | | | | 678.08 | |
| | 基礎梁 | FG1イ | p85より | 9.23 | 41.04 | 56.28 | 500.64 | | | 320.12 |
| | | FG1ロ | p113より | 19.02 | 84.72 | 112.56 | 1,001.28 | | | 640.24 |
| | | FB1ハ | p114より | 1.17 | 7.77 | 100.32 | 0 | | 57.14 | |
| | | FB2二 | p114より | 0.44 | 2.99 | 41.58 | 0 | | 30.74 | |
| | 基礎柱 | FC1 | p79より | 2.27 | 15.12 | 32.40 | 172.80 | | | 172.80 |
| | 基礎小計 | | | 58.03 | 186.76 | 343.14 | 1,674.72 | | 2,021.08 | 1,133.16 |
| 地上躯体 | 柱 | 1C1 | p91より | 11.76 | 78.41 | 75.60 | 777.60 | | | 534.60 |
| | | 2C1 | p115より | 12.15 | 81.00 | 86.40 | 799.20 | | | 434.16 |
| | 大梁 | 2G1 | p97より | 16.85 | 97.20 | 164.64 | 705.60 | | | 572.16 |
| | | RG1 | p116より | 16.85 | 97.20 | 164.64 | 705.60 | | | 561.96 |
| | 小梁 | 2B1 | p99より | 4.10 | 27.36 | 254.88 | | | 172.64 | |
| | | RB1 | p99より | 4.10 | 27.36 | 254.88 | | | 172.64 | |
| | 床板 | 2S1 | p105より | 17.57 | 117.23 | 2,972.31 | | | | |
| | | RS1 | p117より | 18.48 | 123.16 | 3,150.00 | | | | |
| | 壁 | 1F | p118より | 10.04 | 116.46 | 2,036.88 | 62.64 | 36.32 | | |
| | | 2F | p119より | 11.83 | 139.62 | 2,290.02 | 84.04 | 36.32 | | |
| | 地上小計 | | | 123.73 | 905.00 | 11,288.25 | 3,134.68 | 72.64 | 345.28 | 2,102.88 |
| 躯体合計 | | | | 181.70 | 1,091.76 | 11,631.39 | 4,809.40 | 72.64 | 2,366.36 | 3,236.04 |

＊上記数量は、下記の躯体部分を除く

・土間コン

・階段室部分躯体

・壁，その他

・パラペット等

| ＊鉄筋の長さを重さに換算 | ＊0.560 | ＊0.995 | ＊1.56 | ＊2.25 | ＊3.04 | 合計(kg) | 合計(t) |
|---|---|---|---|---|---|---|---|
| ・基礎鉄筋 (kg) | 192.16 | 1,666.35 | － | 4,547.43 | 3,444.81 | 9,850.74 | 9.85 |
| ・地上鉄筋 (kg) | 6,321.42 | 3,119.01 | 113.32 | 776.88 | 6,392.76 | 16,723.38 | 16.72 |

p121表2・25　躯体積算細目内訳書

**表2・25　躯体積算細目内訳書の作成**

| 名　　　　　　　　称 | 規格・仕様 | 数量 | 単位 | 単価 | 金　額 | 備考 |
|---|---|---|---|---|---|---|
| 4. 躯　　　　　　　体 | | | | | | |
| 4.1 基　　礎　　躯　　体 | | | | | | |
| 4.1.1 鉄　　　　　　筋 | | | | | | |
| 　異　　形　　鉄　　筋 | SD295A | 9.9 | t | 62,000 | 613,800 | |
| 　鉄　筋　加　工　組　立 | | 9.9 | t | 40,000 | 396,000 | |
| 　鉄　筋　運　搬　費 | | 9.9 | t | 5,500 | 54,450 | |
| 　鉄　筋　ガ　ス　圧　接 | | 1 | 式 | 100,000 | 100,000 | |
| 4.1.2 コ　ン　ク　リ　ー　ト | | | | | | |
| 　基　礎　コンクリート | Fc21＋3N. S18　材工共 | 58.0 | m³ | 13,400 | 777,200 | |
| 　コンクリート打設手間 | | 58.0 | m³ | 550 | 31,900 | |
| 　ポ　ン　プ　圧　送 | | 1 | 式 | 250,000 | 250,000 | |
| 4.1.3 型　　　　　　枠 | | | | | | |
| 　普　　通　　型　　枠 | 材工共 | 187 | m² | 4,100 | 766,700 | |
| 　型　　枠　　運　　搬 | | 187 | m² | 250 | 46,750 | |
| 4.1 基　　礎　　躯　　体　計 | | | | | | |
| 4.2 上　　部　　躯　　体 | | | | | | |
| 4.2.1 鉄　　　　　　筋 | | | | | | |
| 　異　　形　　鉄　　筋 | SD295A | 16.7 | t | 62,000 | 1,035,400 | |
| 　鉄　筋　加　工　組　立 | | 16.7 | t | 40,000 | 668,000 | |
| 　鉄　筋　運　搬　費 | | 16.7 | t | 5,500 | 91,850 | |
| 　鉄　筋　ガ　ス　圧　接 | | 1 | 式 | 300,000 | 300,000 | |
| 4.2.2 コ　ン　ク　リ　ー　ト | | | | | | |
| 　上部躯体コンクリート | Fc21＋3N. S18 | 124 | m³ | 13,000 | 1,612,000 | |
| 　コンクリート打設手間 | | 124 | m³ | 550 | 68,200 | |
| 　ポ　ン　プ　圧　接 | | 1 | 式 | 850,000 | 850,000 | |
| 4.2.3 型　　　　　　枠 | | | | | | |
| 　普　　通　　型　　枠 | 材工共 | 905 | m² | 5,300 | 4,796,500 | |
| 　型　　枠　　運　　搬 | | 905 | m² | 250 | 226,250 | |
| 4.2 上　　部　　躯　　体　計 | | | | | | |
| 4. 躯　　体　　合　　計 | | | | | 12,685,000 | |

# 索　　引

［監修者］　吉田　倬郎　Takuro Yoshida

1947 年　生れ

1969 年　東京大学工学部建築学科卒業

現　　在　工学院大学建築学部名誉教授，工学博士，1 級建築士

［執筆者］　佐藤　隆良　Takayoshi Sato

1946 年　生れ

1969 年　法政大学工学部建築学科卒

現　　在　サトウファシリティーズコンサルタンツ代表，博士（工学），
　　　　　建築コスト管理士

　　　　　田村　誠邦　Masakuni Tamura

1977 年　東京大学工学部建築学科卒業

現　　在　アークブレイン代表取締役，博士（工学），1 級建築士，不動産鑑定士
　　　　　明治大学特任教授

（肩書は，第三版発行時のもの）

建築実務テキスト　建築積算（第三版）

2014 年 2 月 24 日　初 版 発 行
2017 年 2 月 6 日　改訂版発行
2020 年 9 月 4 日　第 三 版 発 行
2022 年 3 月 30 日　第三版第 2 刷

監 修 者　吉 田 倬 郎
執　　筆　佐藤隆良・田村誠邦
発 行 者　澤 崎 明 治

企画・編修　澤 崎 明 治
編 修 補 佐　平田啓子　　装　　幀　加藤三喜
イ ラ ス ト　鈴木洋子　　図版トレス　丸山図芸社
　　　　　　猪原美佳　　印刷・製本　大日本法令印刷

発行所　株式会社　市ヶ谷出版社
東京都千代田区五番町 5
電　話　03-3265-3711 （代）
FAX　03-3265-4008
http://www.ichigayashuppan.co.jp

©2020　　　　　　ISBN978-4-87071-119-8

# 市ケ谷出版社の関連図書

## 日本初の診断技術・インスペクションのテキスト

野城智也・安孫子義彦
馬郡文平 著

B5判・184頁・本体3,300円

ISBN978-4-87071-129-7

## 積算の役割と業務を典型的な建物の設計実例で紹介

佐藤隆良・田村誠邦 著

B5判・184頁・本体3,000円

ISBN978-4-87071-119-8

## 概要を理解し，具体的な施工図の描き方

中澤明夫　ほか著

A4判・120頁・本体3,000円

ISBN978-4-87071-020-7

## 再生を体系的に捉え，優れた事例を系統的に紹介

松村秀一　編著

B5判・232頁・本体3,300円

ISBN978-4-87071-128-0